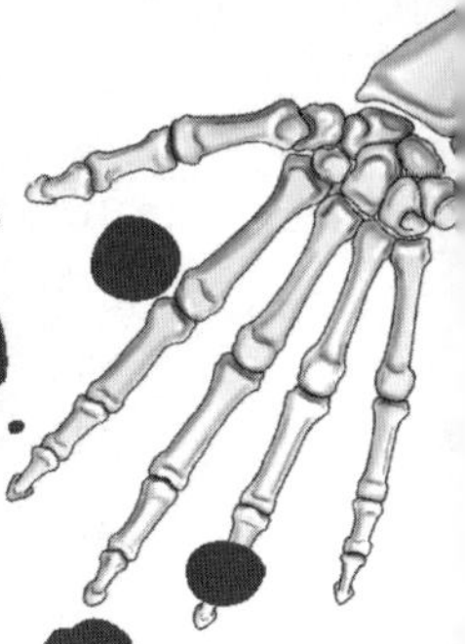

告诉我你是怎么死的

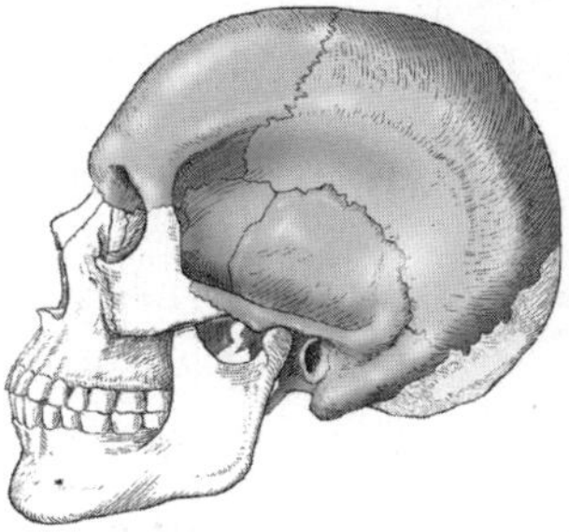

WORKING STIFF:

TWO YEARS, 262 BODIES, AND THE MAKING OF
A MEDICAL EXAMINER

女法医勘验实录

[美] 朱迪·梅勒涅克　[美] 托马斯·J. 米切尔　著
林　惠　译

北京科学技术出版社

图书在版编目（CIP）数据

告诉我你是怎么死的：女法医勘验实录 / (美) 朱迪・梅勒涅克, (美) 托马斯・J. 米切尔著；林惠译. — 北京：北京科学技术出版社, 2023.6

书名原文: WORKING STIFF: TWO YEARS, 262 BODIES, AND THE MAKING OF A MEDICAL EXAMINER

ISBN 978-7-5714-2458-9

Ⅰ. ①告… Ⅱ. ①朱… ②托… ③林… Ⅲ. ①法医学 Ⅳ. ①D919

中国版本图书馆CIP数据核字(2022)第165897号

策划编辑：何晓菲
责任编辑：周 珊
责任校对：贾 荣
责任印制：吕 越
封面设计：申 彪
出 版 人：曾庆宇
出版发行：北京科学技术出版社
社　　址：北京西直门南大街16号
邮政编码：100035
电　　话：0086－10－66135495（总编室）　0086－10－66113227（发行部）
网　　址：www.bkydw.cn
印　　刷：三河市国新印装有限公司
开　　本：880 mm × 1230 mm　1/32
字　　数：188 千字
印　　张：8.5
版　　次：2023年6月第1版
印　　次：2023年6月第1次印刷
ISBN 978-7-5714-2458-9

定　　价：59.00元

献给

鲁特卡、汤姆和丽塔

并纪念

弗兰克·希莫罗

以及梅纳赫姆·梅勒涅克医生

目录
Contents

PART 1

注定有个糟糕的结局

“记住：这事注定有个糟糕的结局。”

每当我要开始一个新故事时，我先生都会这么说。被他说中了。

那天，故事的主角木匠詹姆斯·菲尔森跟一群伙伴坐在曼哈顿中城的人行道旁，这 6 位戴着安全帽的建筑工人，一边小口啜饮咖啡，一边等着开工。前一天飓风的尾巴横扫整个城市，工程一度中止，现在这栋他们已经盖了 8 个月的办公大楼再度开工。

太阳升起，交通开始忙碌起来，突然有个新的声音出现，伴随着出租车和公交车的呼啸声：那是一种金属摩擦声，音量不是很大。摩擦声很快变成了吱吱嘎嘎声，接着有人大叫起来。在各种噪声和强风的呼啸声中，工人们听不太清楚喊叫的内容，但是他们可以感觉得出那喊叫是冲着他们来的。吱嘎声愈加尖锐，大伙儿抬头一看，顿时吓得魂飞魄散，咖啡泼得到处都是。大家四处逃窜，但木匠选错了方向。

高达 117 米的工地上空，转臂起重机的吊臂在震耳欲聋的撞击声中，直接砸向詹姆斯 · 菲尔森的头部。

2 小时后，我与法医鉴定小组一起抵达惨不忍睹的现场。法医鉴定小组的成员是一群纽约市首席法医办公室的法医调查员。起重机直接砸落在行车高峰时段忙碌的十字路口，警方已封锁现场，路口 4 个方向都堵成了一锅粥。法医调查员开着太平间的货车要把我们载到现场，穿越封锁线前最后几个街区时，司机只能像水手一样一边咒骂一边破浪前进。法医调查员是法医团队的第一梯队，他们会前往突发死亡事件现场，检测与记录现场的一切，然后把尸体运回市里的太平间进行查验。我当时刚开始为期一个月的培训，这个培训是为了让年轻医师在进入死亡调查的世界之前做好准备，在这之前我还从未离开医院工作过。“医师，”开运尸货车的法医调查员在一个堵得无法动弹的路口无奈地跟我说，“我希望不是你带来的霉运。昨天一整天我们只是到贝斯以色列医院的急诊室接了个老太太,今天就中了这个头彩。”

“小心脚下。”下车的时候，一位警官在旁边提醒我。这条钢臂朝菲尔森砸下去的时候，把人行道砸出了一个 30 厘米深的大洞。安全帽还在那儿，落在一大摊的鲜血、脑浆、咖啡和甜甜圈之中。过去 4 年，我以病理医师的身份在医院学习，我的世界就是由荧光灯、无菌实验室和蓝色实验服组成的。现在我发现自己在曼哈顿的高峰时段，站在刮着风的事故现场，周围是人行道上的斑斑血迹、闪着蓝光的警灯、黄色封锁带、一大群围观群众、严肃的警察，以及一帮把“头彩”挂在嘴边的同事。

我竟为此着迷。

“怎么回事？”回家的时候，我先生问我。

“起重机砸烂了那人的脑袋。”

他缩了一下脖子。“起重机怎么会掉下来？”我们在公寓楼下小公园的游乐场里，看着丹尼——我们的儿子——把破旧的塑料小卡车和三轮车连成一列火车。

“因为周三发了飓风警报，起重机前一晚就用皮带固定住了。操作员要么是忘了，要么是根本不知道这件事，我猜他也没有检查。他发动引擎，踩下油门，发现机器没动，他又补了一脚油门——固定皮带就在这时候断了。”

“天呐，”托马斯扶着额头，说，“这下成弹弓了。”

“没错。起重机翘了起来，停了几秒——然后就向后栽下去了。”

“上帝啊！那个操作员呢？”

“什么意思？”

“操作员受伤了吗？”

“哦，我不知道。”

“那其他工人呢？”

“我不知道，”我重复道，“他们都没死。”

托马斯看着树的方向。“这事发生在哪里？”

“我告诉你了，第六大道。”

“第六大道朝向哪里的路口？”

“不记得了！这很重要吗？因为担心起重机可能会掉下来砸在你头上，你就打算以后绕道走吗？”

“不可以吗？”

“这种情况又不会经常发生，相信我。”我们不断飙升的嗓门引得其他几位坐在长椅上的家长纷纷侧目。

“别忘了旁边还有普通民众。”托马斯悄声警告，提醒我在这个满是幼儿园小孩的公园里，没有人希望听到我们讨论血腥的工地事故。“他有老婆和小孩吗？”他小声问。

“他有老婆。我不知道他有没有小孩。”

托马斯瞥了我一眼。

“你听我说，这些不归我负责！调查员会处理那些事情，我要做的是处理遗体。”

“好吧，那跟我说一下遗体的情况好了。”

以前在医学院学习的时候，我已经有一点验尸的经验了，但那都是些临床解剖，对象都是在医院过世的患者。我从没看过这样的尸体。“因为是工地意外事故，所以得进行一套完整的验尸程序。我做得很棒。死者是个块头很大的壮汉，没有心脏病，血管很干净。他的四肢和躯干没有损伤，但是他的头部就像你拿着一颗鸡蛋往厨房操作台上敲破之后的模样。我们称之为‘蛋壳型颅骨骨折’，挺酷吧？”

“不，”托马斯回答，他突然面色苍白，“不，一点都不酷。”

我并不是个残忍的人，事实上，我是个朴实、阳光又充满正能量的人。当我刚开始进行死亡调查的学习时，托马斯还担心新工作会改变我对世界的看法。他担心在连续几个月接触纽约人的花式死法后，我会开始神经兮兮地抬头看是不是有窗式空调机会掉下来砸在我们的头上。也许我们会开始推着丹尼的婴儿车绕过人行道上的下水道网格板，而不再是直接碾过去。他还坚定地认为，我们绝对不会再走进“杀气腾腾”的中央公园了。“你快把我变成那种戴着医疗口罩和手套出门的疯子了。”他在西尼罗河病毒肆虐期间宣称。

然而情况并非如此，我的新工作经历给我带来了相反的影响。我被释放了——而且最终我先生也会跟我一样——从六点新闻带来的恐惧中被释放。自从我成为死亡的目击者，我发现每一起我参与调查的意外死亡案件，要么是危险的日常琐事导致的，要么是危险行为的结果。

所以，不要随意穿越马路；开车的时候要记得系上安全带，或者干脆不要开车，养成运动的习惯；注意体重；如果你抽烟，现在就戒，如果你不抽烟，那就永远不要尝试；子弹会打穿人的身体；毒品是坏东西；你知道地铁站台上画的那条黄线吧，它被画在那里当然是有原因的。所谓“活着”，其实就是遵守一些基本常识。

大概就是如此吧。我在纽约市首席法医办公室的经验告诉我，“隐藏的身体缺陷”有时也会让平时健康的人暴毙。致命疾病发生的概率是百万分之一，而纽约就有 800 万居民。路上还有未加盖的下水道、流弹，以及可能发生的起重机意外事故。

“我实在不知道你是怎么做到的。”朋友，甚至是医界同仁都这样对我说。但是所有从医者都要学会在一定程度上将患者物化，你必须压抑自己的情绪，否则就没办法做事。从某些角度来看，这对我来说还比较容易些，因为尸体本身就已经是个“物体”，可以不算是“人”。更重要的是，死者并不是我唯一的患者，生者才是更要紧的，他们也在我的工作范围内。

我并非从小就立志要当法医病理学家。你不会在小学二年级的时候突然对自己说："等我长大了，我想去解剖死人。"没有人会想到医师要做这种事，医师应该去治疗患者才对，我父亲就是那种医师。他是布朗克斯雅可比医疗中心急诊室的精神科主任医师。父亲一直向我灌输关于人体运作那些令人着迷的奇妙知识。他还留着当初在医学院上学时用的课本，每当我提出问题的时候，他就会从高高的书架上把那些大部头拿下来，然后我们会一起研究那些解剖图。那些书本就像是探险家的航海图，而他在书海中灵活自如地移动，散发着强烈的自信和热忱，这让我畅想等我自己成为医师时，就能跟他一起航行在那些神秘的海域。

但我没有机会这么做。父亲 38 岁的时候自杀了，那年我才 13 岁。

在他的葬礼上，不断有人走到我面前说："我很遗憾。"这令我心生厌恶，让我从麻木中清醒，点燃了我心中的怒火。我只想回答："你有什么好抱歉（'遗憾'与'抱歉'在英文中均可用'sorry'表达。——译者注）的？又不是你的错！"这是父亲一个人的错。他是精神科医师，他自己心里很清楚，不论在专业上还是私生活领域，他都需要寻求帮助。他熟知程序，如果我们认为患者有自杀倾向，一定要问患者 3 个诊断性问题，这是我们在医学院学到的。他甚至问过他的患者这 3 个问题。"你有伤害自己或是自杀的想法吗？"如果答案是肯定的，接下来你就应该问："你有计划了吗？"如果答案又是肯定的，那最后一个问题就是："你的计划是什么？"如果患者已经有可行的自杀计划，就必须入院接受治疗。我父亲的自杀计划是上吊，这需要下很大的决心才能做到。在他成功执行计划之后，有好些年我都在生他的气，因为他背叛了自己，抛弃了我。

现在，当我跟那些自杀者的家属和爱人说我完全了解他们的感受，以及我为什么会了解这些的时候，他们会相信我。很多人跟我说，是我帮助他们走过了那段日子。这些年来，有些家属还会继续打电话给我——那个在他们人生最黑暗的一天在电话那头陪伴他们的医师。他们会邀请我参加毕业典礼、婚礼、新生儿出生庆祝等活动。人在最快乐的时候，往往最思念自己失去的那个挚爱的人。接到那些电话、感谢卡，还有出生庆祝的消息——那些感叹号、皱皱的新生儿、新生活，就是对我的工作最大的回报。

面对死亡的亲身经历并没有让我就此选择一份成日沉浸在死亡之中的工作。我父亲的自杀事件让我学会拥抱生命——体会它的美好并紧紧抓住不放手。我最终选择从事验尸工作，颇经历了一番曲折。

1996 年，我从加州大学洛杉矶分校医学院毕业后，目标是成为外科医师，并为此在波士顿一家教学医院参加了外科住院医师的培训。这家医院一向以疯狂操练实习医师而出名，但是高年资住院医师都再三向我保证——好像有什么阴谋似的——告诉我忍一时之痛绝对是值得的。“你得先过 5 年累得像狗一样的日子。但撑过这段日子，当上主治医师，你就苦尽甘来了。上班时间长是好事，等于整天都在救人，同时还能赚不少钱。”我为此付出了代价。

没过多久我就注意到，许多外科医师的办公室角落都有张折叠床。“谁会在办公室放床？就是那些永远没时间回家睡觉的人呗。”一位资深护士这么说。我的工作从每周一早上 4 点半开始，到周二晚上 5 点半结束——36 小时班。接下来是 24 小时班，然后又是 36 小时班，最后整周会以 12 小时班画下句号。每两周我会有一整天的休假日。

这就是标准的 108 小时排班法，有时情况还要更糟。有好几次我都是连续操刀 60 小时，中间只能靠几次短暂的打盹撑过去，甚至我还有过几次一周上了 130 小时班的经历。

于是托马斯开始买很多鸡蛋、红肉、蛋白粉，还有成盒的高热量能量棒，以便找机会塞几根在我的白大褂口袋里。他得在每天天亮前的早餐时间里，尽可能地让我补足热量，然后等晚上我穿着脏衣服一屁股坐在晚餐桌前的时候，这一切再次重演。从医院回家的 15 分钟路程上，我常常会在等红灯时打瞌睡——“我闭上眼睛休息 1 分钟就好”——然后被身后的喇叭声叫醒，红灯已经变成了绿灯。

波士顿是托马斯的故乡。当他从洛杉矶搬回来时，他的家人高兴坏了。我们刚开始约会时才 18 岁——大学新生，实际上更像高中情侣，我们一起开心地迈入 20 岁，认真对待这段感情。我想要结婚，但是他开始有些犹豫了。我后来才发现，他怀疑自己并不想跟外科医师结婚。我变得越来越像个苍白无力的游魂，同时正一点一点地失去那个深爱着我、我也深爱着的男人。

9 月的某天，我在 36 小时班快结束的时候昏倒了。我直接倒在患者床边的地垫上。醒来时我发现自己躺在急救床上，边输着葡萄糖注射液，边被推往急诊室。诊断结果是过度疲劳以及脱水。住院医师的培训主管，也就是我的老板，站在输液袋旁边，一脸的不耐烦，丝毫看不出任何担心之情。“好，”他说，“你只是累了。等会儿回家，休息 12 小时，好好睡一觉，多喝点水，明白吗？”我还在发愣，精疲力竭又充满羞愧，只能点点头。“我会找人替你值下一轮的班。”这个外科医师边说边背对着我疾步走出病房。

在我的上司把我独自扔在急诊病床上之后，我立刻不再感到羞愧，取而代之的是满腔怒火。任何人都不希望像我这样在每天只睡 3 小时的情况下，还去从事临床工作，更不用说负责开刀了。但是我从在医学院拿起解剖刀的那一刻起，就想成为一名外科医师，一直以来，我都在手术室里看着一条条生命被挽救，我并不准备因为身体健康出了一次状况就放弃这个梦想。所以，我很快又回到了工作岗位。

但不到一个月，我不得不再次被迫思考患者在过劳的医师手中可能面临的危险。医院的药房在晨间巡房时间呼叫我。我回电时，电话另一头有一位女子问：“你真的要给这位患者 200 单位的胰岛素吗，医师？”

当时我刚睡了一夜囫囵觉，思维十分清晰，但是我仍然立刻喊出了脑中闪现的第一个想法：“什么？不！那剂量都可以杀死一匹马了！”

静脉高营养法是一种静脉营养供给方式，把食物能量直接输入血液循环中。使用前必须仔细测定所需胰岛素用量——比如 15 或 20 单位——以便身体维持储存或释放能量的健康循环。如果一次输入 200 单位的胰岛素，你会因低血糖而昏厥，并在几分钟之内因致命的心律失常或严重癫痫，或两者同时发生而导致死亡。

“这个医嘱不是我写的吧？”

“你叫什么名字？”

“梅勒涅克医师。”

“梅勒涅克，我看看。”电话另一头传来翻阅纸张的声音。“不是。”她最终回复，我终于又能正常呼吸了。

“好，”我说，“昨天这个患者的静脉高营养法治疗给了他多少胰岛素？”

“20 单位。”

“前天呢？”

“20 单位。”

“那今天就还是给 20 单位吧。”

“好。”刚刚救了一条人命的药剂师在电话那头跟我确认。

写下这个医嘱后交班离开的是一位外科住院医师同事，他差点因为多写了一个零就害死一位患者。我没有把这次险些致命的事件上报。没有人在这次事件中受伤，也没有人送命，所以，等于什么也没发生。在那段每周工作 130 小时的日子里，我有没有无意间伤害了患者而不自知？我有没有让谁送命？

我的外科职业生涯终结在 3 个月后，当时我染上流感——常见的季节性流感——想请病假。“现在不是掉链子的时候！”我的主管呵斥道，好像我 9 月时被送进急诊室只是为了逃避一样。我吞了 2 片泰诺（非处方类感冒药，可缓解感冒症状。——译者注），把药瓶塞进口袋就去上班了。

整个值班过程中我都昏昏沉沉的。几小时后，泰诺的药效退了，我开始冷得全身发抖。我抽空偷偷躲进护士的小房间量体温——38.8℃。我又吞下 2 片泰诺，这时患者被送进急诊室，是一名急性阑尾炎发作的年轻姑娘。我跟着急救床进手术室的时候，有人把病历塞到我手上。患者在发烧，体温是 38.3℃——还没有我烧得厉害。

我没有双手发抖。我给患者动了手术，把阑尾绑住后切除，再把切口缝合。我觉得整个房间都在晃，汗水湿透了我的衣服，但是我深吸了一口气，屏气凝神，拿着针完成了最后的缝合。那是我在 6 个月的外科实习期间进行的第 61 场手术，也是最后一场。我一走出手术室，就告诉总住院医师我病得太严重，必须立刻回家。“别沮丧，”她试着安慰我，“我有一次在值班的时候还流产了呢。”

我打电话给托马斯——发着高烧、意志消沉、放声大哭。他来到住院医师的值班室，沉默地锁上门。然后他蹲在我的床旁，问：“你想辞职吗？”我承认我的确想辞职。“好，”托马斯语气坚定，“你该辞职了。”

“但我们接下来该怎么办？要是辞职，哪家医院会要我？”

“没关系，”他说，“这都不重要。辞职吧。”

他是对的，这已经不重要了，眼下最重要的就是离开那里。第二天我就辞掉外科住院医师的工作。托马斯与我又开始有时间共处了。1997 年情人节，我们走在街上，重温 9 年前的同一天我们第一次约会的情景，那时我们都还是青葱少年。走到我们第一次牵手的地方时，他停下脚步，牵起我的双手，单膝跪在结冰的人行道上。我又惊讶又开心，不由自主地笑个不停。“你能回答我吗，愿意还是不愿意？”他恳求道，“我的膝盖好冷啊！”

那是我近一年来第一次感觉到快乐，同时也非常害怕。我只知道自己不想成为哪一种医师，也确信没有哪家医院愿意收下我担任专科住院医师了。我在医学院的日子里，最开心的一段时光，就是到病理科轮转的时候。病理学实在太吸引人了，病例内容如此有趣，医师们的生活看起来也都十分稳定。加州大学洛杉矶分校的病理科实习课程主任曾在我毕业前最后一年想聘用我，留我在那里工作。“不行，”当时我回绝了她，并充满自信地告诉她，“我要当外科医师。”

过了一年多，我打电话给她，问她知不知道哪里有病理科工作可以让一个失败的外科住院医师做。

“你 7 月能来上班吗？”她问道。

“什么意思？”

“梅勒涅克，如果你 7 月能来上班，我就在加州大学洛杉矶分校帮你留一个病理科住院医师的位置。”

更令人吃惊的是托马斯对这个建议表现出的热情。“可是这样你又要离开你的家人了。”我提醒他。

“医师，”我的未婚夫回答道，“我都已经跟你去过一趟地狱再回来了，何况跟你搬去洛杉矶呢。”

PART 2

尸体明天还是尸体

一个人没有出生证明不要紧，只要有其他形式的身份证明，就可以获得工作、在银行开户，甚至可以申请社会保障。可是如果你过世后，家属没办法获得死亡证明书，他们就会陷入官僚主义繁文缛节的炼狱：他们不能埋葬你的遗体，也无法把它运送到州界之外，无法清算你的财产或继承你在遗嘱中留给他们的财产。而死亡证明书就出自法医病理学家之手。

病理学研究人类疾病和损伤的原因及影响，包括各类疾病，涵盖人体所有部位。身为加州大学洛杉矶分校病理科住院医师，我花 4 年时间研究人体内每个细胞、组织和结构的模样。此外，我还学到当这些人体组成部分出问题时看起来会是什么模样，以及如何把它们分辨出来。

法医病理学家是医学分科中负责调查突发、意外或暴力致死案件的专家，他们通过观察现场、评估医疗记录，以及验尸，搜集一切可能在法庭上有用的证据。与临床病理医师一样，法医病理学家必须熟悉人体内所有的组成部分，不过法医病理学家还得知道这些人体组成部分是怎么运作的，每个部分出了什么问题会致死。法医病理学家就是医疗界的死亡目击者——回答所有问题、平息所有争执、解开人体这个“容器”中的所有谜题。“就迟了一天。”我的临床医师朋友总爱开这个玩笑。

法医病理学家如果不是在法医办公室任职，就是担任验尸官。后者是行政人员或执法人员（通常是治安官），负责调查辖区内的突发死亡事件。验尸官会聘请医师完成验尸工作，但这些医师除了负责太平间之内的工作，并不会在调查中扮演任何角色。法医则是经过死亡调查培训和解剖病理学培训的医师，负责执刀验尸以及官方要求的其他工作。法医必须是医师，而且通常和其他医师一样要接受培训，要在医院病理科接受 4 年的住院医师培训，再完成一年的轮转。

我最后选择在纽约市首席法医办公室轮转，因为我不想去臭名昭著的洛杉矶郡立验尸官办公室，被迫完成长达一个月的法医轮转。“他们能给你的只有腐烂与车祸。”我听住院医师同事抱怨过。

“那你想要什么？他们那里就只有这些啊！”加州大学洛杉矶分校住院医师说。我总喜欢在这个医师的办公桌旁逗留一会儿，因为他对法医鉴定满腔热忱，而且他搜集的学术论文标题都是诸如《阴茎注射海洛因致死》《冷饮诱发猝死》之类的，与《人类大脑垂体非肿瘤性及肿瘤性细胞凋亡：Bcl-2 蛋白质家族的表达》相比，很难不引起我的注意。难道你不会更想看《土制炸弹自杀：案例报告一则》吗？我会，而且我真的看了。

“如果你真的想学法医病理学，就到纽约市首席法医办公室轮转，”总住院医师给我建议，“那里有各式各样的死法，而且教学也很棒。我就是在那里轮转的，我喜欢那里。”

“要搬到纽约住一个月吗？”

“为什么不呢？”

当我提出这个建议时，托马斯出乎意料地又一次给了我肯定的答案。当时我正怀着我们的第一个孩子，而他考虑到经济和家庭因素，决定当全职家庭主夫。这让我们能随时随地按需要自由地搬迁，不用纠结该如何协调两人的职业发展。“反正宝宝是可携带的。”他说。

于是，1999 年 9 月，就在丹尼出生前 6 个月，我们飞到纽约。我开始在纽约市首席法医办公室接受培训。一个月的培训结束时，我已下定决心要将法医病理学当作终身职业，并且把纽约市首席法医办公室当作我追求事业的地方。我喜欢那儿严谨的课程培训，以及死亡案件调查中面临的科学挑战。那儿的每一个人，从新学员到资深医师，给人的感觉都很快乐，大家都有很强的求知欲，且具有高度的专业性。法医完全不需要在办公室值夜班 。“没有紧急验尸这种事，”一位住院医师说，“你的患者永远不会抱怨，他们不会在晚餐时间呼叫你，而且他们到明天也还是尸体。”

我一回到洛杉矶就申请了纽约市首席法医办公室为期一年的培训课程。4 个月后，我在产假期间接到纽约市首席法医办公室查尔斯 · 赫希医师的电话，通知我自 2001 年 7 月起开始担任法医助理一职。

上班第一天，我天不亮就醒了，躺在我们位于布朗克斯的公寓里。托马斯在我身边轻轻地打着鼾，丹尼当时 16 个月大，在另一头的摇篮里轻声附和着爸爸的鼾声。我听着窗外开往曼哈顿的汽车发出的轰鸣声，咬着指甲，担心自己是不是做了另一个会改变一生的错误决定——这次还拖累了丈夫和孩子。

我很早就离开公寓，想给自己充足的时间到斯卜坦杜维尔中央车站，也就亨利·哈德逊大桥从布朗克斯往英伍德山那一片绿意中延伸之处。出了中央车站，我被涌向列克星敦大道车站的人潮裹挟着行进，到了 28 街才挤出来。我向东走进夏日阳光中，越走越觉得紧张。过了几个街区，我走到一个转角，那里写着：第一大道 520 号。

我的新工作地点是栋烟灰斑驳的蓝色方形建筑，墙面有又脏又旧的铝合金补丁，楼顶上的锅炉裸露着，玻璃纤维隔热板在风中摆动。大门隐藏在阴影中，被一排歪歪扭扭的脚手架遮挡着，从缝隙中露出漆了一半的生锈栏杆。这栋难看的矮楼，就是纽约市首席法医办公室。

我走进大厅，警卫抬起头。她上方的墙上是一串不锈钢字母：“TACEANT COLLOQUIA. EFFUGIAT RISUS. HIC LOCUS EST UBI MORS GAUDET SUCCURRERE VITAE.”

我盯着那串字看。“有事吗？”警卫问道。我告诉她我的名字，她眼睛一亮。“新来的法医吗？欢迎‘登船’，医师！”

我心头一紧。两周前我还在洛杉矶快乐地生活，已经完成正规医学培训的我，是一名合格医师了。我其实可以在任何地方找个稳定的实验室工作，整天坐在显微镜前看片子，在纸上写下诊断就好，结果我却把我们的家庭连根拔起，搬到这个“罪恶之城”，尽管我从小在这里长大，但对我而言，这个冷酷的地方充斥着糟糕的回忆。这到底是为了什么？

警卫的表情开始变得温和，显然她已经接待过不少一脸吃惊的新人。她回头瞄了一眼那被擦得锃亮的银色格言，说："禁止谈笑，此为死神襄助生者之地。"

我们俩就这样站在这冰冷、安静的大厅。"哦。"最后我说。

"欢迎来到首席法医办公室，梅勒涅克医师。"警卫递给我一张纸，上面写着：访客。

马克·佛洛蒙本医师是副主任法医，他是查尔斯·赫希医师的副手，也是我的直属上司。当他以一个拥抱迎接我时，我惊呆了。他身高 1.89 米，有张略长而温和的脸，戴着圆形眼镜，一双手奇大无比。佛洛蒙本在办公室是出了名的跆拳道冠军，劈断木板什么的对他而言只不过是消遣。他把我介绍给一楼的法医鉴定小组成员和身份鉴别人员，然后带我上二楼，在他的办公室正对面，就是我即将与另外两位法医病理学培训人员共度一年的办公室。

斯图尔特·格雷汉姆医师已经搬进办公室了。格雷汉姆在佛罗里达州为私人诊所管理临床病理实验室长达 15 年，最后他决定离开。"我大多数时间都坐在显微镜前，或是到血库检查数据。差不多有 10 年的时间，我每个月最多能接到一件验尸案件。"

"我们会扭转这种情况的。"佛洛蒙本的话振奋人心。

格雷汉姆有着古怪的幽默感，讲话慢条斯理，还爱戴领结。我和他要使用办公室里相连的两张桌子，我们两人的椅子一定会撞在一起。办公室隔间里还有一个位置，留给道格·弗里曼医师。他是一位高瘦的男子，双腿细长、步伐缓慢，一头卷曲的金发绑成马尾，看起来就是个来自中西部的善良好人。

佛洛蒙本向我们解释，格雷汉姆、弗里曼和我在 7 月第一周要先走完行政流程，包括指纹归档、体格检查，还有一堆文件要填。等这些都完成后，我们每人都会拿到一个徽章——一面精雕细琢的盾牌，镶在厚实的皮夹里。他看看表，“好。现在是赫希晨间巡视的时间，我们去‘地窖’吧。”

没人知道是谁把验尸房称为“地窖”的，那地方并不是个地窖。验尸房实际上是一个很干净、很整洁的地方，里面有 8 张平行的不锈钢验尸台——宽敞、洁净、擦得闪亮的工作台，边缘像船沿一样高起——沿着墙边一字排开。每张验尸台后方都挂着一把强力冲洗喷头，台子上有个金属支撑架可以撑住尸体，让血液和其他液体流到底下的水槽里。这个水槽直接通往生物污染池，如果是凶杀案，排水孔就会一直维持塞着的状态，直到任何子弹、刀尖和其他外来物都被搜集登记完毕为止。我还被告知，之前他们不小心把证据冲进排水孔里，倒霉的初级法医不得不拆开水管找回证据。

在验尸台上方 30 厘米高的地方，吊着一座有公制刻度盘面的磅秤，用来称内脏重量。角落里放着一大桶浓度为 10% 的甲醛溶液，也就是用来保存人体组织、防腐的福尔马林。紧挨着另一面墙的是一个硫化柜，柜子上的玻璃门后传来轻微的风声。柜子里挂着滴着鲜血的衣物——风干中的凶杀案物证，正等着送进实验室检测或成为呈堂证物。

验尸都是在早上进行。佛洛蒙本医师建议我、格雷汉姆和弗里曼 8

点前就要到验尸房，穿好白大褂，站在指定的验尸台旁等待。这么做能确保我们在领导出现之前，有足够的时间先对今天的第一个案例做个外观检查。

晨间巡视由赫希医师负责，他被法医鉴定小组成员和医学院学生簇拥着，于9点半准时开始巡视。赫希医师叼着烟斗，面容慈祥，简直就像是从诺曼·洛克威尔（美国20世纪初期重要的画家、插画家。——译者注）的画中走出来的。他每次出现总是穿着长裤，系着领带和裤带，口罩上方露出一双炯炯有神的眼睛。每天早上我们会向他简要汇报手上的案子，他边听边检查X线片和我们上报的外观检查过程中的重点发现。汇报时，对每个案件，我们都必须言之有物，但千万不能对没有现场证据支持的东西进行臆测。赫希的晨间巡视是每天最令人紧张的时刻。

赫希医师在验尸房里表现出一种冷静、严肃的风范，其他人纷纷效仿。他喜欢讲一些警句，我们称之为“赫希语录”。与其他老师一样，赫希也有一些他特别不能忍受的事，而这些事我们没过多久就很熟悉了。他最讨厌用“与某事物相符”这个词来形容显而易见的发现，如果我们用“大量”或“少量”形容任何事物，他就会咬牙切齿——“显著”和“微量”更为恰当。向赫希医师汇报的时候，必须称死者为男子、女子、男孩或女孩——不能只称之为男性或女性。我们开始处理案件的第一周，格雷汉姆汇报时说案件死者是一名遭“一位女士”枪击的男子。

“遭一名女子枪击，”赫希打断他的话，纠正着，“女士是不会开枪射击其他人的。”

验尸房的晨间巡视时间很短暂，进一步深入讨论案子的机会是在每天下午的 3 点，这个时间所有的法医都会在会议室集合，讨论（或者是辩论）当天的案件。赫希医师能把最混乱、最麻烦的案件挑出来，找出简化的方法，以便能顺利完成死亡证明。“写死亡证明书的时候，不需要包罗万象，”他强调，“只要简明扼要、清楚准确就好。”

培训期的最初两个月里，赫希医师也会对受训人员进行个别授课，针对我们的诊断和初步验尸报告提供详细的反馈。他告诉我们，法医最神圣的职责就是要清清楚楚地在死亡证明书里写出两个重点：致死的原因和死亡的方式。“致死的原因是病因学上的特定疾病，或无其他显著外因介入情况下的致命伤，”赫希列举道，“把这些写下来，记在脑子里，然后把它当作答案，‘是什么’的答案——是什么启动了这一系列连锁事件，最终导致死亡。死亡的方式是对于这个情形做出的法医学分类，也就是‘怎么样’这个问题的答案。我们把所有的死亡状态分成六大类：凶杀、自杀、意外、自然疾病、医疗并发症以及死因不明。”我们得知死亡的方式会影响整个体系——从保险公司到地方检察官，从警察局的凶杀组到死者的房东。我开始上班的第一周，负责身份鉴别的一个同事就对我说：“你活着的时候也许没人在乎你，但是等你死了以后，就会有一堆人对你感兴趣了。”

在以助理法医身份被指派第一次验尸任务之前，我花了一周在验尸房观察资深法医验尸的过程。第一天带我的是苏珊·伊莱医师。她是一位身材苗条、有魅力的女性，她女儿的年纪跟我儿子一样大，所以，我们在更衣室换上手术衣、戴上发网的时候就一拍即合。苏珊觉得我把眼镜换成塑料制壁球专用护目镜太滑稽了，我告诉她我对她那双复古迪斯科厚底松糕鞋有一样的看法。“这双鞋能让我够得着验尸台的高度。”她半开玩笑地说。

在验尸房的时候，我会在她和佛洛蒙本的验尸台之间来回转，观察两个不一样的医师如何为一个人完成最后一次、也是最彻底的一次医疗检查。验尸跟我在医学院系统解剖课上做过的尸体解剖不一样。“验尸”的原意是“眼见为实”，它的重点在于弄清楚身体哪里出了问题。

验尸所需的时间从 45 分钟到超过 4 小时不等，先从彻底的外观检查开始，然后由外及内进行。我学会了如何把尸体上的每一件衣物和配饰都记录下来——在解剖尸体的时候，尸体上意想不到的部位镶着的稀有金属也不可以遗漏。如果你知道你的市民同胞们在内裤里带了多少五金制品，你会发现这个世界远比你认识的那个世界更奇怪、更搞笑。

由于尸体和尸体上的一切物品都归我负责，我常常得把手伸进死者的口袋，掏出里面所有的东西——暴力致死的死者常常会跟来路不明的金钱扯上关系。我有一次从一具尸体身上收集到 12400 美元。之所以对具体数目这么清楚，是因为我非常、非常仔细地清点过总额两次。只要发现现金，我就必须特意向技术人员展示，如果当时刚好没有技术人员跟我一起工作，我就要把现金高举到空中，对验尸房的所有人宣布：“我这里有一沓现金！”曾有法医工作人员因为偷窃尸体身上的现金而丢了工作，所以，对我们来说，大声对其他人宣布自己发现硬通货已经成为标准程序。

尸体上的衣物等被清除干净后，我会近距离检视受伤的痕迹，并且记录所有发现。对一双受过专业培训的眼睛而言，任何瘀青、擦伤、切割伤和穿刺伤都诉说着一个故事。如果尸体已经僵硬，我会把它的手指扳开，检查手掌心里有没有握着什么东西。我曾经因此在受害人手中找到凶手的头发。服毒自杀的死者有时手中还会握着药瓶，滥用毒品致死的死者手臂上可能还插着针头。

“除了外伤，我们也要记录刺青、瘢痕、不同寻常的外貌特征、截肢和胎记等。”佛洛蒙本在验尸台旁教我。死者家属会很慎重地看待死亡证明书，如果内容有任何错误——即使我漏掉一处旧伤疤——整起死亡调查的可信度就可能受到质疑。我在纽约的第一件验尸案中的指导医师芭芭拉·辛普森提醒我，即便看起来微不足道的外貌特征对家属而言可能都很重要，如刺青。我在接到一位受枪击死者的女友薇拉愤怒的投诉电话后，才学到这个重要的教训。我在死亡证明书中写道，死者胸口上方有“微拉”字样刺青，而且我的记录还漏掉了他脸上的一个伤疤，这让薇拉以为我验错尸体。

我向薇拉道歉，并向她承诺修改验尸报告。但是当我再次把身份鉴别照片摊开来研究时，即便死者的皮肤色泽大致上仍是自然状态，我还是找不到那个瘢痕。可能那个斑痕被他眉间的皱纹遮蔽了，或是被胡茬盖住了。也许那个瘢痕在薇拉的记忆中比在尸体上更明显，也许那个瘢痕对薇拉而言有特殊意义，也许那个瘢痕就是她留下的，当然，也有可能薇拉只是不相信我而已，因为我连她男友胸口上的名字都写错了。

“小心为上。”这是莫妮卡·史密迪医师的忠告，她是一位资深员工。史密迪说话的方式很特别，抑扬顿挫的语调中带着淡淡的波士顿口音。她教我要记得点清每具尸体的手指和脚趾。如果死者 8 岁时在超市购物车事故中断了一截指尖，他全家人都会希望这个细节被写进验尸报告中，即便这个细节与他的死亡原因和方式其实毫无关联。如果没有记录这一点，家属就不会相信你的结论。同样的道理也适用于阑尾——有时一些特定脏器存在与否，对辨识死者身份非常重要。史密迪医师教我一定要记得给男性死者做睾丸样本，女性死者则要做卵巢样本，“而且一定要——一定要——清点这些器官。有些男性只有一个睾丸，有些人有假体，而且相信我，死者的太太一定会注意到报告里关于这一点的叙述。所以，一定要非常仔细，把基本要点都做到。查清楚是不是两个都在是很有必要的。”

我每天都在努力适应法医执行例行公事的节奏——持续整个早上的验尸，接着是会议和文件工作，偶尔被突发情况打断（也算提神），被叫到犯罪现场，或是出庭做证。虽然克服紧张情绪并建立起对自己诊断技巧的自信需要好几周的时间，但我已经要正式独立操作了。2001 年 7 月 6 日，在见习其他医师验尸 5 天后，我接手了自己的第一个案件，然后，失败了。

PART 3

眼见为实

特伦斯·布克是镰状细胞病患者，26岁，死于纽约大学医疗中心急诊室。镰状细胞病是世界上最常见的基因病变，大多数患者终其一生都不会出现症状。不过有些基因携带者会发展成镰状细胞贫血，呈圆盘形的红细胞突变为新月形，堵塞毛细血管，阻碍血液流动。镰状细胞贫血通常很容易诊断，因为患者会出现一系列典型的临床症状，包括发热、心动过速（心跳加速），以及腹部僵硬。

镰状细胞贫血有一种并发症，称为血管阻塞危象，这种并发症肉眼不易辨别。血管阻塞导致局部缺血，身体组织缺氧，造成全身剧烈疼痛。局部缺血能在几分钟之内就导致致命的器官损伤，所以，当有镰状细胞贫血病史的患者被送到医院，并且全身剧烈绞痛时，医疗人员会严阵以待，并立即进行治疗。治疗方式非常直接——为患者戴上氧气罩，罩住口鼻，静脉滴注补充体液，并给予阿片类镇痛药，通常是羟考酮或可卡因。你知道阿片类镇痛药里还含有什么吗？海洛因。

特伦斯·布克是登记在案的海洛因成瘾者，可能会装病——假装出现危象以骗取药物，而医师无法辨识患者是真的疼痛还是在撒谎。发热或心动过速无法伪装，但痛感完全是一种主观感受，没有办法检测真假。当特伦斯被送进急诊室时，病历显示他“具有镰状细胞”，且全身疼痛，急救人员只能按照血管阻塞危象来为他治疗。他们给他安排住院，并使用强效麻醉性镇痛药羟考酮进行治疗。

特伦斯半夜溜出医院，但没过几小时又被送回来，双目涣散、口齿不清。一名护士发现他失去意识，发出危急警报，医疗人员也立刻推着急救床赶来。他们为他进行气管插管，开始施行心肺复苏，又给他输注阿片受体拮抗药，并进行电击除颤。经过急救，特伦斯的心脏恢复跳动，但为时已晚，他已经脑死亡。他的心脏又持续跳了 8 天，最终停止。特伦斯的遗体于是来到我手上。

我在纽约市担任助理法医的第一起验尸调查本来并不难。我先从尸体的外观检查开始，移除医院为了救活特伦斯而在他的静脉和气管里插的管线，连同它们在死者皮肤上留下的痕迹，一一进行了记录。然后我拿起一支大孔径针筒，进行验尸的第一个侵入式步骤——把针头刺入两只眼球侧边，抽取玻璃体液样本。我看着放大的瞳孔，刺入针头。佛洛蒙本医师告诉过我，如果我刺得太深，针头就会触碰到视网膜，产生“死后人为伤害”（后来有一次我把针头刺进一具尸体的眼球时，眼球竟弹出来掉在地上，从那之后我也学会遵守史密迪医师的“数到两个”守则了。幸亏义眼现在已经不是玻璃制而是塑料制的，否则必定摔个粉碎）。接着我要采集特伦斯锁骨后方的一条大静脉中残留的血液，可是没有采集到，我决定换成抽取腹股沟股静脉的血液。我知道一旦剖开尸体，尸体内的所有液体都会因为地心引力的作用而开始移动，所以，趁循环系统还是闭合的、没被切开第一刀的时候，一定要先取得样本。

下手的第一刀是 Y 形胸腔切口。我使用解剖刀，从两根锁骨尾端往胸骨方向划开，刀锋穿透胸口的皮肤、脂肪和肌肉，然后从两线交叉点开始，一路向下划，经过腹腔，直到骨盆前方的骨头为止。这个步骤完成后，我就可以把特伦斯的胸腔像一本书一样打开，将结缔组织与肋骨分开，移除腹部的肌肉，暴露出腹腔。

人体躯干分为 5 个主要的腔，腔内有不同的器官。腹腔是其中最大的一个，里面是消化系统。在腹腔后面是腹膜后隙，也就是肾脏和其他几个器官的位置。而肺各自被包容于胸腔中，在它们之间就是心包——装着心脏的小口袋。验尸时一般都会分别处理每一个封闭的腔，因为存留在这些腔中的体液和血液是没有受到其他影响的。

在处理这种一般的验尸案件时，因为没有弹孔或其他明显的外部并发症，应该首先从腹腔开始处理。我划开包覆在腹腔外的薄膜，对内部进行检查。体液的颜色（或气味）差异会提示肝衰竭或心力衰竭、感染状况、肿瘤和其他各种疾病——我培训的那一周曾见过脾脏或大动脉撕裂伤，这能在腹腔中留下接近 2 升的血液。特伦斯的腹腔中没有太多液体。如果患者的腹腔有大量液体，我就得用上我在东 23 街家庭用品店买的不锈钢长柄大汤勺把液体舀出测量。许多法医人员用的器具并没有医院里的同行使用的那么闪亮或独特。我第一次带托马斯来参观我的工作地点时，他就吓傻了（那天下午刚好很清闲，没有验尸案件），他看到一把又长又老旧的屠刀，看起来很像他母亲拿来切烤肉时用的那把传家宝刀。我们的工作人员把它保养得很好，用来给器官切片。那把刀好用极了。有一个工作站旁放了一组插在木制刀架上的厨房用刀。墙上挂了一排钢锯，还有一对大刮刀。

“铁锤和凿子？”托马斯惊恐地说，“你们是怎么——不，不要告诉我。”看到我的工作站，他指着一组长柄修枝剪刀，就是那种用来修剪后院树枝的工具，剪刀上刻着五金店的店名。“这些是做什么用的？”

“你不会想知道的。”我向他保证。

但他坚持说想知道，我就告诉他了，“剪断肋骨用的。”

检查过特伦斯的肋骨，确认上面没有肉眼可辨识的裂痕后，我就用那把修枝剪刀剪断每根肋骨，然后把整片胸骨移开，露出胸腔和心包。与腹部一样，记录胸腔内肺部四周液体的颜色和体积是很重要的。绿色液体表示有感染，可能是肺炎；清澈的液体表示心力衰竭；如果是血性液体，就说明有外伤。特伦斯的肺部因为连续使用一周呼吸机，出现的损伤在预料之中，除此之外，他的肺部还算健康——色泽粉红、呈海绵状且质地柔软。吸烟者的肺部会充满气泡、发黑且有硬块，与香烟盒上印的用来吓走高中生的照片一模一样。状况最糟的肺，取出时就会破碎。

心脏隐藏在不透明的心包中，我小心翼翼地用解剖刀划开心包，寻找因外伤或血管破裂造成出血的证据。前一周我才看过佛洛蒙本的验尸案件，死者突发严重的心搏骤停，导致心壁破裂，就像内胎爆炸一样，心包中的状况惨不忍睹。特伦斯的心包没有出血，也没有心脏疾病的迹象。

现在主要的腔都已经打开了，内部液体也已清除，下一步就是将器官一个个取出。我一边取出器官，一边采样。我把一块厨房用塑料砧板，以及用来放置待观察组织切片——心、肺、肝、肾、脾、肾上腺和胰——的组织盒在验尸台旁一字排开。砧板旁放着透明的无盖储存罐，用来装我另外采取的样本。这个有点像外卖汤碗的罐子里装着半罐福尔马林，用来放置调查备用样本。我们会从每个器官上取下一小份组织，放在福尔马林溶液中保存，方便日后需要重新检验案件时使用。每一起验尸案都会配一组专属的精美储存罐，它们会被仔细密封后存放一年左右，如果是悬案的样本，会存放得更久。

我把左右两边的肺叶切下，把心脏跟连接的血管分割开来，将这些器官堆到死者脚边——那里有足够的空间，我可以等会儿再去勘验、解剖。有些法医喜欢把器官放在验尸台旁，就放在尸体旁边，但是经验告诉我，这么做肺叶可能会掉到地上。器官是很滑的，其中肝脏最难驾驭，特别是酗酒者的肝脏会较为肥大，就像抹了油的小猪，总是在验尸房里乱窜。

肠子是完整的一长条脏器。我把手伸入 Y 形切口里，进入骨盆腔，用解剖刀把肠子从直肠上缘分割出来。我清除肠系膜（这是一大片帘状脂肪组织，用于固定肠子的位置），然后像抓住绳子那样用手把肠子取出，放进一个大金属碗中。等我把十二指肠（小肠的起点，位于胃的下方）也处理好，肠子就都完整地取出了。

肝脏只靠 3 条大血管和一堆韧带与胃和十二指肠固定在一起，所以，一旦肠子全都移走，肝脏就很容易移动。我拿起特伦斯的肝脏时，看到大血管衔接处的淋巴结明显肿大。这是吸毒的“软体征”——一种指示而非证据。与肝脏相对的位置上是脾脏，看起来完全正常。如果脾脏呈现亮红色糊状，死者可能有严重的感染。我也没在脾脏上看到任何创伤的证据——脾脏是很脆弱的器官，布满细小的血管，很容易破裂。有不少人会有 2 个或 3 个副脾，好像一朵朵亮红色的蘑菇。有些人则完全没有脾脏。有时候，因伤切除脾脏的患者腹腔内会长出许多小型副脾，总之，脾脏就是个很奇怪的器官。

我把小肠、胰、胃和食管全都取出来，把这一大团腹腔中的内脏全都堆到尸体脚边，以便有足够的空间检查腹膜后隙。我把两个肾脏和上面覆盖的脂肪组织一起从肾脏后方所衔接的肌肉组织上剥下来，花了一点时间检查特伦斯的肾上腺——两个油腻的小金字塔形组织，趴在肾脏上方，活像两顶黄色尖帽子。除非肾上腺充血呈红色（提示严重的全身感染），否则这个部位光靠肉眼看不出什么异常，我从两个腺体上都切下一份样本放进储存罐，然后继续下一步。最后从腹腔取出的器官是膀胱和直肠。要把这两者取出，我得进入骨盆腔深处，从内部沿肛门把直肠切下，然后拉出来，拉扯时会因为吸力发出可怕的声音，有些人要花比较长的时间才能适应。如果膀胱是满的，就会像装满水的水球。我必须很小心地避免弄破它们。

因为我的患者是男性，所以，最后一项检测是采集睾丸样本。这个过程绝不是你想象的那样。我没有切开特伦斯的阴囊，而是从体内把它翻转，然后拉出来，以便处理他的性器官，同时又不破坏其外观。我逐一检查每颗睾丸，并且各自取出一小部分样本放入储存罐中，然后再把它们推回原位。家属可能会特别在意对睾丸的处置，我被叮嘱过一定要把睾丸放回原位，除非上面有肿瘤或受伤的痕迹。

我第一次验尸花的时间超过两个半小时，经过数周的练习，同样的程序我只需要用一半的时间就能完成。

解剖过程很顺利，我搜集了所有必要的样本，没有漏掉任何器官，但是对于特伦斯的死因仍一无所知。实验室检测没查出什么，组织学检查没办法确定或排除急性镰状细胞危象。我强烈怀疑特伦斯是死于阿片过量，但因为没有毒理学检查报告，还无法证实这个猜测。事发当晚急诊室发了危急警报，现场忙着插管和电击除颤，没人想到要先抽血。没有血液样本，就没有毒理学分析，自然就无从得知患者进入脑死亡时血液里到底含有哪些化学成分。

仔细验尸后却一无所获，我没办法断定到底是什么原因让这名男子死亡。我在死亡原因一栏写下“原因不明的缺氧性脑病”，意思是“不知道什么鬼原因导致的大脑缺氧”。更糟的是，因为我无法判定特伦斯失去意识的原因到底是自然疾病还是毒物伤害，死亡方式就变成“无法判定”。这种不确定会给人极度的挫败感，这完全不是我想要的第一起案件的完结方式。

我在开始新工作后的第二周，便体会到医学院箴言的智慧：“当你听到马蹄声，要想到的是马而不是斑马。”换句话说，大多数事情的本来面目正如你看见的那样，最简单的答案往往就是正确的。有一天我接到一个案子，要替一名 78 岁的晚期心脏病及外周血管病的男性患者验尸，紧接着是一位 55 岁的老妇人，心脏病比前者还要严重。两名死者都是在医院里接受手术后没几天去世的，两起案件都是家属要求进行验尸，因为家属认为是手术导致患者死亡。但是当我打开两具尸体，发现它们的一个共同点：心脏病都已经是极晚期了，无法怪罪于手术。接下来的两年，我在好几份死亡证明书上写下了这几个大字“动脉粥样硬化性心血管疾病”。这是导致美国超额死亡率的主因，它杀了不少纽约客。

创伤致死的调查是法医病理学中特有的一个项目，也是我在住院医师培训期间没接触过的。医院的病理医师只会检验自然死亡的患者。我的第一个创伤致死案件是周末来的。周六我接手了 62 岁的男子约翰尼斯 · 罗斯康，他从火灾现场被救出，却于 3 小时后死于纽约大学医院急诊室。早上开会的时候，苏珊医师给了我一张烧伤图表，图表上把身体分成几个区域，每个区域代表一定百分比的皮肤表面积，如一只手臂为 9%、一条腿为 18%。在对罗斯康进行外观检查的时候，我在图表上涂出受伤部位，并且计算出烧烫伤部位涵盖了他的约 20% 的皮肤表面。

当我把罗斯康的绷带和厚厚的白色油膏都去除后，我发现他身上大部分受伤的皮肤都发红、蜕皮，边缘有水疱，真皮层暴露，符合Ⅱ度烧伤的体征。有些部分属于Ⅲ度烧伤，皮肤各层被烧成炭化碎片，露出黄色的皮下脂肪和酒红色的肌肉组织。尸体没有Ⅳ度烧伤的现象，也就是烧伤到只剩下黑白两色，组织炭化发黑，露出白骨。

烧烫伤的程度虽然严重，但这并非罗斯康死亡的原因。他跟大多数烧伤患者一样，死于一氧化碳中毒。一氧化碳是燃烧过程中释放出来的气体，进入人体内后会与红细胞中的血红蛋白结合，形成碳氧血红蛋白，影响氧的运输，使细胞缺氧，直到患者窒息。我剖开罗斯康的遗体，发现他的呼吸道中覆盖着厚厚的黑色煤烟灰，鼻道、喉咙和气管都是，这提示他曾在火灾现场呼吸。几个月后我拿到毒理学报告，报告中显示他体内的碳氧血红蛋白指数高达65%，远远超过致命毒理学值。又过了两周，我收到消防调查报告，报告中显示死者当时在床上吸烟。火灾是意外引起的，我在死亡原因栏写下的也是“意外”。

就在我检查罗斯康呼吸道的那个周六，36岁的尤利娅·克罗列娃在阿姆斯特丹大道乱穿马路。她在72街地铁站往北几个路口的地方，从两辆停在路边的车中间走上马路，被一辆白色小型货车直碾而过。急诊室医师通过X线片诊断她有骨盆粉碎性骨折，但是直到她进了手术室，外科医师才发现她怀孕了。克罗列娃死在了手术台上。

周日早上，当我开始进行Y形胸腔切开时，脖子上挂着凶杀组金色徽章的女警察走进验尸房。她看了一眼克罗列娃的裸尸。“撞上她的那个司机肇事逃逸了，”警察说，然后她的目光转向我，一脸迟疑地把我打量了一番，“我们之前合作过吗？”

“我是新来的培训人员，朱迪·梅勒涅克。这是我到职的第一周。”

“我是谢丽尔·华莱士。”我们互相点点头。在验尸房里，没有人会握手。华莱士身材健壮，穿着一身严肃的套装。她戴着医用口罩，我看不到她的五官，但我知道她没有被眼前这令人毛骨悚然的画面吓到——一名女性死者，腰部以下血肉模糊，另一名女子手持解剖刀对准她的胸腔。

“那么，梅勒涅克医师，事情是这样的。”华莱士向验尸台走近了一些，上下打量克罗列娃的尸体，“我们需要有毛囊的头发做DNA检测，如果发现任何烤漆或金属碎片，请告诉我。”如果警方找到肇事车辆，只要有车子保险杠上的一根落发或尸体上的一块烤漆碎片，就能成功起诉。她的目光停在克罗列娃的肚子上。“你知道她怀孕了吗？”我说我知道。“你知道胎儿当时能不能存活吗？”

“还没看到胚胎，不好说——就算看到胚胎，也不一定能下定论。看她的肚子，我猜她大概还处于中期妊娠阶段。胚胎要在子宫外存活，至少也要 24 周大，她看起来还没怀孕那么久，等我解剖后做完足部大小测量就能确认了。”

“你怎么能确定？如果胎儿刚好比较大呢？”

“胚胎的大小基本上比较容易预测，除非母体患有妊娠期糖尿病。而判断孕周最准确的方法就是依据足部长度判断。不论男孩还是女孩、大还是小，它们在子宫内相同周数时的足部长度都是一样的。我的胚胎病理学课本里有张图表能通过足部尺寸对照出怀孕时间。”

华莱士点点头，“那就好。”我看得出来她把这件事听进去了。我开始有点欣赏她，虽然过于直率，但是她很聪明。

华莱士留下我自己完成验尸，我很庆幸她这么做了，因为切开克罗列娃的子宫是我做过的最令人难过的事。当我看见子宫里那完美的胚胎，把它拿出来捧在手心的时候，我的视线被泪水模糊了，所有专业性和理性瞬间消失殆尽。那是个男孩，有 10 个手指头、10 个脚趾头，怀孕过程看来十分顺利。克罗列娃的宝宝已经成功长出了器官，没有错位，没有任何异常状况，足部长度为 30 毫米，这告诉我这个宝宝已经 19 周大了，刚度过妊娠期的一半。我把它放回克罗列娃体内，让它能跟母亲一起下葬。

那个周日的第二起案件是我接到的第一起自杀案件，那是一名 50 岁男子，他被诊断出头部和喉部患有癌症。当肿瘤科医师告诉他癌症可能会转移后，他便割喉自杀了。验尸过程并不困难，首先是因为尸体很干燥：一个成人体内大约有 5 升血液，但是法医鉴定小组告诉我，这名男子大部分的血都流在他家浴室的地板上了。他还留了封遗书给太太，表示不愿让她在化疗时再次辛苦地照顾他。但自杀是很自私的行为，他其实并没有为她着想。尸体就是他的太太发现的。即使癌症真的复发，这位太太所要承受的痛苦也不会超过目睹丈夫变成躺在浴室地板上、全身是血的冰冷尸体。

10 岁那年的寒假，有一天父亲带我去布朗克斯动物园。那天很冷，热狗摊散发出来的蒸气好像把整个摊子都隐藏起来了，父亲跟小贩开起了关于蒸汽浴的玩笑。父亲把相机给我，让我拍下他在猴子屋前面扮猴子的模样。我被他的呜呜怪叫和不停搔着腋下的动作逗得笑个不停，结果照片都拍糊了。直至今天，那情景在我脑海里仍清晰可见，我的嘴里仿佛还能尝到那热狗的滋味，我心里的失落感从没有消退过。那个中年男子留着八字胡，戴着黑色方框眼镜，穿着厚重的冬季大衣，戴着羊毛帽，是个有趣的父亲，3 年后却上吊自杀了。如果当时我知道自己后来会对那一幕有如此深刻的记忆，我一定会多拍两次，确保自己拍到清晰的照片。也许当时他心想，“没有我，她的人生会更好”，就像我的第一起自杀案件的死者一样。事实却不是这样的，这种想法很自私，根本就是一场错误，被留下的那个人永远不会更好的。

那天下午，完成这两件令人痛苦的验尸后，我才能去参加赫希医师和其他培训人员的会议。那起自杀案件完成起来并不困难。关于克罗列娃的案件，因为华莱士还在调查细节，我就把克罗列娃的死亡证明书写成“未决”。我们从不会让遗体超时停留，这对赫希医师而言是最重要的事。鉴于有时在所有检测结果和实验数据出来前不能判定死因，我们手上约有半数的死亡证明书都是先初步判定死亡原因和方式，再等待进一步调查。先开出暂定版死亡证明书可以让死者家属先行埋葬死者，等我把所有必备文件都收齐，我就会给克罗列娃开出经过修正的最终版死亡证明书。

我问赫希医师，为什么我不能简单明了地宣布这是一起凶杀案件。“在我们确定伤害意图之前，这不算凶杀案。”他这样回答我。

“对，但是那辆小货车司机从车祸现场逃逸了，这不算是‘夺取他人性命’吗？”

“如果没有证据证明其意图就不算。”

“即便他把她留在现场流血，违法继续驾驶？”

“对。”我静默不语，赫希医师已经预料到我的下一个问题。“肇事逃逸可能仍被定义为意外，但是除了‘定义’时，它们往往被当作凶杀案对待。你开暂定版死亡证明书是正确的。别担心警方的调查状况，他们通常都会抓到这些肇事者的，你今天在工作上付出的努力在那个时候就会得到回报了。”

和往常一样，赫希医师这一次又说中了。两周后，华莱士和她的搭档托里斯——身高 1.98 米、肌肉发达、眼睛闪闪发亮的男子——一起出现在我的办公室。“你好啊，医师，”托里斯自我介绍后与我握手，说道，“我们来解决这起案件吧。”

他们找到那辆白色小货车的司机了。这个司机没有否认自己当时在案发现场，但他的说法与目击者提供的信息不符。目击者告诉警方小货车由东往西驶进车流，司机说的却是由西往东。目击者说小货车撞上克罗列娃后还碾过她，然后加速开走，司机则宣称是他前面那辆车子撞到她，而他并没有看见她被撞后上哪儿去了。“所以，”托里斯说，“你可以跟我们说说谁的话才是真的吗？”

我微笑了一下。“好的，应该没有问题。”我把克罗列娃的档案抽出来，给他们看外观检查时我画的人体图表，上面记录了克罗列娃的擦伤和挫伤位置。“看这里，看到她左大腿上那一大片瘀青了吗？”

两位警察同时俯身靠近我的桌面。“如果她站着，这块瘀青离地面多高？”华莱士问道。

我指着图表上的数据——66 厘米。“我觉得比较接近保险杠的高度。”我说。华莱士看向托里斯，两人一起笑了。

“这个白痴。”托里斯说道。

华莱士向我解释，司机被讯问时编造了假故事，于是这两名警察决定将计就计。他们告诉那位司机他们俩知道他目击了事故现场有多激动，然后问他肇事车辆的牌子和型号。

“他跟我们说是蓝色丰田佳美，”托里斯说，“这个白痴。佳美的保险杠高度是 53 厘米。”

“我们已经查过了。”华莱士说。

“医师，你想猜猜我们这位司机驾驶的小货车，保险杠高度是多少吗？”

“是不是跟我写在这里的死者左大腿瘀青高度一样，刚好是 66

厘米呢？”

华莱士已经满脸笑容，“左大腿……阿姆斯特丹大道是北向单行道，如果克罗列娃像目击者说的那样，由东向西穿越马路，表示撞击点就会……”

“在她的身体左侧。”托里斯把话接完，想起司机扯的谎有多愚蠢，他笑了。

华莱士瞄了一眼人体图表，指着人形背部上的一大片暗色区域问：“这是什么？”

我把验尸时在人体图表空白处做下的标注指给她看，“油。”

“车底的油渍吗？”托里斯问道。

我翻找档案，抽出一张照片，是外观检查时拍摄的，女性死者的上背部有一道长长的黑色污渍。“这出现在她的皮肤上，表示有东西把她的上衣蹭掉了。”我指出这一点，华莱士在一旁快速地做笔记。

我问他们有没有找到克罗列娃腹中胎儿的父亲。“我们不负责调查那类意外，”托里斯面无表情地说，“有两个男的宣称自己是孩子的父亲。其中一个还在‘里面’，但我不知道日期跟他入狱的时间对不对得上。另一个家伙已经出狱了。”我很庆幸自己冷冻保存了部分胚胎组织以便做亲子鉴定，两名候选人如果想知道谁是孩子的父亲，还是能查个明白的。

我复印了一份人体图表给华莱士，并向两位警察脚踏实地的调查工作道谢。“我实在不希望这件案子是肇事逃逸，那个宝宝真的让我很在意。”

“现在下定论还太早。”华莱士挥挥手上的文件，“这会有帮助的，但是我怀疑检察官并不认为这能够说服陪审团。”

“不过肯定是大陪审团(大陪审团只在审判重罪案件时才会成立。——译者注)。”她的搭档补充道。

“噢，那是一定的。”

“我们等着看车辆扣押处的人会在车上找到什么证据。”

几天后我接到华莱士的电话。

“梅勒涅克，我有好消息要告诉你。我们的车辆实验室在小货车的底部找到人类毛发，跟你给我们的克罗列娃的样本相符。更棒的是，这毛发是从车底某处油渍被蹭掉的位置取得的，那里还有一些衣物布料。东西都送去给检察官了，以肇事逃逸致人死亡的罪名起诉。”

我松了口气。虽然这起案件从技术上而言不算是凶杀案，但仍是暴力致死行为，我在促成起诉的过程中尽了一己之力。

每次有人听到我的职业是法医，他们都会先想到“谋杀”，然而凶杀案其实并不多见。自然死亡是最常见的死亡方式，在所有送到法医办公室的案件中，这类死法就占了约 1/3。自然死亡不是因伤致死，而是疾病导致的，有时是传染病，但非传染病也很常见——在第一周的上班时间里，我开出的死亡证明书就有心脏病、糖尿病、先天缺陷，以及长期酗酒导致的肝损伤。在发现突发或意外的自然死亡案件时，为了辨明致死疾病并通知家属防范遗传性医疗风险，以及维护公众健康，我们就会对自然死亡案例进行深入调查。

某天下午的教学课程中，赫希医师教给我、格雷汉姆和弗里曼一套他评估自然死亡时会使用的子分类法。我们不会在死亡证明书上写下这些分类，但是将它们用于评估验尸时的发现会很有帮助，而且能训练我们以法医病理学家的思维方式进行思考。

第一，验尸时发现的铁证：生命中枢部位破裂或出血。

一名 69 岁的女性走在东哈林区 116 街的人行道上，突然倒下后就再也没有站起来。我解剖尸体时发现，严重的心肌梗死把她的心脏撕裂出一个硬币大小的破洞，整个心包和右侧胸腔里都是血。心脏破裂就是典型的自然死亡的“铁证”。此类型的案件在我的案子里只占了很小一部分，比较简单。

第二，存在潜在的致命性疾病（已属晚期），可排除其他肇因。

阿曼达·皮博迪是电视新闻制作人，刚结束为期 4 个月的产假。重回工作岗位的第一天晚上，路人发现她倒在自己车上，全身已经冰冷僵硬，钥匙还握在右手中。

她的钱包就放在大腿上，没有受到攻击的迹象。皮博迪的先生告诉法医鉴定小组，皮博迪有二尖瓣脱垂病史，一般认为这是一种相对温和的心脏病。

验尸过程中，我看到心脏瓣膜状况很差——瘀青增厚，布满褶皱，像扁塌的降落伞。这是一种心脏受损现象，称为二尖瓣黏液样变性。我没有看到肺栓塞，没有看到血管瘤，脑部没有出血——没有任何其他可能造成猝死的原因。毒理学报告结果是阴性的。结论只有一个，就是这种慢性病严重损坏了皮博迪的心脏，从心脏瓣膜外漏最终演变成心室纤颤，最后完全停止跳动。她死去时的姿态也证明了这一点：仿佛时间停止，被冻结在日常生活的例行公事中。

第三，在边际病理学的案例中，有显著病史且无其他肇因，则病史与发病情况为决定因素。

虽然有时死者罹患的疾病致死率极低，死亡现场的某些线索却指明这种疾病在该案件中就是致死因素。40 岁的帕特里克 · 波兹尔是一名健康、爱运动的律师，从不抽烟，喝酒也有节制，没有值得一提的病史。有一天晚餐时，他抱怨有胃灼热感，第二天早上起床时他已经面色苍白、呼吸困难。他的妻子立即打电话叫救护车，但是等医护人员抵达时，波兹尔已经过世了。

与皮博迪肿大又明显患有疾病的心脏相比，波兹尔的心脏看起来结实而光滑，还十分健康，只有少许脂肪覆盖着，完全没有心脏病发作的迹象。我将波兹尔的心血管一一解剖检查，发现只有其中一条——左前下行动脉有一点疾病的症状。这条动脉被粥样硬化斑块阻塞了一半——一种因为脂肪分子在血液中慢慢累积导致的阻塞。这在验尸结果中根本算不上重大发现，我常常在其他尸体上发现比这严重得多的心脏疾病，而那些死者都是死于与此完全无关的病因，毒理学报告和组织学报告都呈阴性。

“我一定是遗漏了什么，”我在向赫希医师汇报案子时这么说，“他不可能因为那一条血管送命。”

“那一条血管，”我的老板回答，眼镜背后的双眼闪烁着他特有的光芒，“加上他太太提供的证词，以及医护人员的现场发现就可以。不要为了客观而否认现实。事发现场与当时的情况都显示是心源性猝死，但是心脏的状况并不差，对吧？你之所以这么困扰，是因为你将验尸中发现的阳性体征看得太重。我们在做死亡调查工作时要纵观全局。你应该根据证据的强弱程度来做出判定。”

当然，赫希是对的。我们是科学家，都不喜欢靠说服力不足的数据做出判定，但是当你竭尽所能只为保住科学客观性，就等于是在否认部分证据的力量。我过于纠结波兹尔的心脏看起来很健康这件事，却忽略了报告中描述的胃灼热感和呼吸困难。这个男人的确死于心脏病发作，就算看起来再怎么不可能，事情也还是发生了。这就是事实，这就是死因。

第四，无显著病理性损害。

有些病症，特别是精神分裂症和癫痫，能通过一些目前医学尚未完全掌握的神经性、呼吸性或心脏性机制诱发猝死。在难熬的 1 月中旬，一具被他们称为"尸棒［此词为尸体（corpse）与棒冰（popsicle）两个词的结合，表示尸体冻得跟棒冰一样。——译者注 ］"的尸体送了进来。死者是一名患有精神分裂症的女患者，一个月前死在浴缸中。她的账单过期未缴，房东就切断了公寓里的暖气，尸体因此彻底被冻结了。我得在验尸前先将尸体解冻，在接下来对女子全身上下所进行的检查中，我找不到任何问题。现场照片显示她的头部是在浴缸的水平面以上的，表示她没有溺水。她的病史中唯一有关联性的，就是她的精神疾病——这就足以解释一切了。"精神分裂症，在排除其他调查发现的情况下，可以独立地视为死亡原因，"赫希在下午的培训会议中解释，"人们认为精神分裂症会使患者出现自主神经功能失调并引发心律失常。没有人知道检测的方法，但这不代表我们就能因此忽略这种事实。"所以，该案件的死亡方式就是自然死亡，死因则是 5 个字：精神分裂症。

第五，竭尽全力仍无法明确死因。

这是自然疾病致死案件中的死结，是最令人挫败的一个分类。一名 30 岁的华裔移民于自己家中在睡梦中去世，验尸结果显示死者正值壮年，十分健康。他没有心脏损伤，血管干净、柔软，没有肺部疾病的病征。我的确找到几颗小的胆结石，这可能造成背部出现放射性疼痛，也可能毫无症状。这具尸体没有向我透露任何导致它生命迹象停止的原因。

我们楼上的法医生物学部门的同事同意来当我的中文翻译。他来到我的办公室，打电话给死者的表亲，死者表亲告诉他，死者的背痛已经持续半年，一直服用中药治疗。他在晚餐时看起来一切正常，但是第二天早上他的父母发现儿子已经死在卧室里。“请他们把死者生前吃的中药全都收集起来，”我告诉法医生物学部门的同事，“带到办公室来给我。”他把我的要求转述给对方，死者表亲也答应了。

几周后，组织学显微载玻片送回来了，我看了又看，想要找出心肌炎的证据。这是一种感染引起的心肌炎症性疾病，会让平日看起来很健康的人猝死。结果，我什么都没找到。毒理学报告也是阴性的，但是因为不知道那些中药含有哪些成分，实验室也无从得知要怎样检测它们或是测定它们的浓度有多高。我申请追加玻璃体葡萄糖检测以及电解质分析，然后从装满福尔马林的塑料桶中取出死者的心脏。我打算检查心电传导系统，这可不是件容易的事，让健康心脏维持跳动的一束束神经都深埋在心脏的肌肉组织之中。辛普森医师给了我一张人体图表，告诉我下刀的精确位置在哪里，我就小心地照着这张图进行操作。我把死者的心脏拆解开，结果还是没有找到任何隐藏的损伤，甚至没有找到任何线索。

死者的表亲直到最后也没有带着中药来找我。我从死者眼睛中取出的玻璃体液样本的检测值都在正常范围内，所以，他既不是死于未被诊断出的糖尿病，也不是死于电解质失衡导致的突发心律失常。我把玻片拿到辛普森的办公室，跟她一起重新审读每一个项目，最后还是一无所获。“这让你知道验尸的力量也是有限的——人体结构并不能告诉你所有功能的细节。”辛普森医师安慰我。有些东西在显微镜下看起来很正常，却不能正常运作。“如果是心电图 QT 间期延长或是布鲁格达综合征，通常什么线索都找不到。”辛普森看着我们之间的双头显微镜说道。“你的心电传导系统解剖做得很好，”她抬起头看着我，“这不是很酷吗？”

我同意。这个案子让我学到很多，但是我能下的结论非常有限。虽然已经用尽了所有方法，我还是不得不送出一份写着“无法判定的自然死亡”的死亡证明书。某种病变夺去了这位年轻人的生命，而病名和原因，只能随着死者一起埋葬了。

PART 4

意　外

8 月里一个黏糊糊的晚上，我们正在家中——我们家在一栋 6 层高的公寓顶楼里，突然，窗户被震得嘎嘎作响，闪电点亮了地平线。托马斯马上抱着丹尼冲到阳台上看热闹。这两个男孩在那里站了半小时，被闪电吓得缩头缩脑，雷声一响，丹尼就会尖声大叫。我告诉先生，他这么做违反了一大堆基本常识。“闪电只会击中更高的建筑，”他反驳道，“再说了，阳台是封闭起来的呀！”

“只是用纱窗包起来而已，你这傻瓜！”

第二天早上打开报纸，上面的报道仿佛是在印证我的观点。“猜猜我今天上班有什么案子等着我？”我对托马斯说，一边低下头仔细阅读报道内容。前一晚的暴雨中，有一群二十几岁的年轻人跑到唐人街一栋 6 层高建筑的屋顶上，结果其中一人遭雷击。

雷击死者没有分配给我，但是我在验尸房中可以旁观。雷击是很少见的死因，我之前从未亲眼见过。

“他的鞋子被炸飞了，”那晚我们准备吃晚餐时我告诉托马斯，“帽子上有个大洞，头顶上秃了直径大约8厘米的一大块，四周都是烧焦的头发。他的腹部和大腿内侧的毛发也有一部分被烧焦了。”

“皮肤没烧焦？”

“没有。他长得挺帅，一头飘逸的直发，留着很适合他的山羊胡，眼睛跟你一样蓝，但是眼神看起来很呆滞。”

“每个人死了以后眼神都会变得很呆滞吧？”

我想了一下，然后承认这一点，没错，基本上死人都是这样。但接下来我更正了自己的说法：“其实他的表情并不呆滞。”

“那是……”

我在脑海里搜寻合适的字眼，然后灵光一现，“他看起来有如五雷轰顶。”

头部中弹是死亡原因之一，但是其死亡方式可能是凶杀（有人对你开枪）、自杀（你故意对自己开枪）、意外（你在把玩的时候不小心射中自己），或是无法判定（没有足够的证据证明枪支到底为何会发射子弹，或是不确定子弹发射时是谁拿着枪）。意外是依环境判定的，而有时环境也无法告诉我一切。要查明真相，需要验尸房进行严谨的科学鉴定，以及与警方和外勤法医调查人员的密切合作。如果尸体出现浓烟呛伤、刺伤，还有内脏多发性损伤征象，而毒理学报告又显示血液中含有大量可卡因呢？究竟是哪一个原因导致死亡？这种案件中，目击证人的证言可能就与太平间里的尸体一样重要了。

杰瑞是一名38岁的瘾君子，不久前刚从戒毒中心出来，他和8

个人在布朗克斯的公寓里鬼混、吸毒。那天晚上他和一个叫查克的朋友躲进公寓里的一间卧室，没过多久，他们的朋友发现紧闭的房门底下钻出阵阵浓烟，紧接着听到咚咚的砸击声、大叫声，以及玻璃打碎的声音。大楼外面，邻居看到有浓烟和火焰从破碎的玻璃窗窜出，杰瑞就挂在窗台上摇摇欲坠。最后他手一滑，从 8 楼跌落在人行道上。

当消防员进入一片混乱的现场时，发现房门从里面用电视缆线绑死了，他们只得破门而入。门打开时，房间已经被火焰吞没，查克昏倒在沙发后面，消防员一扶住他，他就清醒了。查克一清醒，马上一跃而起，开始没命地狂奔，大声喊着杰瑞想杀他，然后再次倒下，这次他倒在了厨房里。一位消防员想把他拖出燃烧着熊熊大火的公寓，查克再次恢复意识，并随手操起一把刀，消防员只得放开他。查克冲到走廊上，上楼找到一间因屋主仓皇离去而大门洞开的公寓，把自己反锁在里面。

后来在调查过程中才知道，那家人之所以把门开着，是希望能够避免消防员在救火时破坏他们家的大门。“住在这里的人都知道要怎么做，”后来消防队队长告诉我，“这栋大楼已经不是第一次发生与毒品有关的火灾事件了。”对饱受折磨的那一家子而言，很不幸，消防员还是不得不砸烂他们家的大门，才能救出因吸毒而疯狂的查克。查克在极度躁狂且因吸毒而神志不清的情况下,结束了这场惊险历程，只吸入了少量烟尘，且只有少数几处烧烫伤，除此之外，他并没有其他太严重的伤。杰瑞则已经死在人行道上，而找出他的确切死因，成为我在 2002 年 3 月初一个晴朗工作日的任务。

外观检查告诉我，杰瑞的双手和双臂上有严重的Ⅱ度烧伤，不过程度还不足以致死。更值得注意的是，他的右侧背部满是擦伤、挫伤，又因为身体是平面着地而黏附了不少落在街道上的碎片。这意味着损伤是由朝向平展身体表面的一次性撞击导致。如果杰瑞曾被殴打，我就会在尸体表面找到多平面的损伤。我心想，杰瑞之所以会到窗外，估计查克也帮了点忙。

刀也是个问题。除了因为跌落导致的伤口和瘀青，杰瑞的两条上臂都有很深的穿刺伤。其中一个伤口的深度超过 10 厘米，几乎刺穿他的手臂，但没有给任何主要血管造成严重的损伤，也与尺神经擦身而过。杰瑞当时一定很痛，非常痛。他身上还有另外一处穿刺伤，这个伤口比较浅，就在他的右腋下方。综合分析两个伤口，它们是自卫伤，可能是在查克拿刀攻击的时候，他用双手护住脸部所留下的。不过，这两处伤口也很像是破碎的窗户的尖锐处造成的穿刺伤。

你可能以为人体从 30 米高处跌落到人行道上，下场应该是血肉模糊，但实际上那种结果并不常见，至少外观所见并非如此。血肉模糊的现象常出现在体内。杰瑞的外观没有鲜血淋漓，也没有破烂不堪，但是他的心脏裂成两半，肝脏支离破碎，右侧肋骨的碎片刺穿了两侧肺，体内一片血海，惨不忍睹，他的呼吸道布满了烟尘。

我把杰瑞支离破碎的内脏从腹腔移出后，开始检查底下的血管、骨头和肌肉。我先从最大的动脉和静脉开始，即主动脉和下腔静脉，我把这两条血管从脊柱内侧表面移除，仔细检查血管上是否有破裂，结果并没有发现什么。我把这两条晃动的大血管堆到验尸台上尸体的脚边，跟内脏放在一起，接着从内部仔细检查杰瑞的脊柱，没有发现裂痕，也没有发现出血，他落地时并未摔断背部。

不过他摔碎了骨盆——摔得粉碎。我不用看他的骨盆就猜到了。当我移动杰瑞的臀部时，那感觉就像——听起来也像——移动一袋弹珠。我切开髂肌和腰肌，这是臀部内侧的两条大肌肉，在这两条肌肉底下靠右侧满是骨骼碎片，与杰瑞的右臀挫伤相符。他以这个部位着地，把骨盆跌个粉碎。

我将坐骨神经采样并放入样本罐中保存，等验尸技术人员开始处理杰瑞的头部时，我又取了一些没有受损的肌肉和部分皮肤存放起来。技术人员在杰瑞的头骨上，从双耳经由头顶，做了一个 U 形切口，然后从切口处把头皮从头骨上拉开，前半部分就挂在杰瑞的面部前，后半部分则披在颈部。我检查头皮内侧的粗糙面，寻找出血或瘀青，再检查头骨外部，看有没有骨折，但什么都没找到。

头骨露出后，验尸技术人员启动了手术用骨锯，骨锯看起来像加强版的厨房用手持式搅拌器，加装了弯月形电锯刀片。机器发出可怕的声响，在操作时会把头盖骨碎渣和骨头粉末抛撒入空气中，所以，技术人员戴着全罩型防护面罩，我则站在远处等待工程完毕。打开头骨需要专注力和技巧，验尸技术人员必须在不使底下的柔软组织留下任何“锯伤”的情况下，将头骨环行切开，而且这个切口不能完全对称，这样锯开头骨，取出内部的脑组织后，把头骨上盖放回去时才不会滑落。为了家属的心情着想，我们一方面要彻底执行验尸，另一方面要尽量不让最后的结果看起来太可怕，如果葬礼时，死者枕着缎面枕头安静地躺着，头盖骨却慢慢滑落……人们会很难过的。

技术人员如教科书上写的一般完美地打开了杰瑞的头盖骨，他用力一拉，一声短促的吸啜声响后，头盖骨就被取下了。硬脑膜，就是包覆着大脑的厚膜，还像老式壁纸一样粘在头骨内部。我把硬脑膜剥下来，检查硬膜外血肿的迹象——积血压迫大脑，造成癫痫、失去意识和猝死。但我并没有发现这种情况，硬脑膜内侧也没有硬膜下血肿的现象。杰瑞不是死于头部创伤。

大脑的外表面呈现白色——灰质层在更深的部位。大脑上方有一层薄纱质地的组织，是蛛网膜和软脑膜。在杰瑞的蛛网膜和软脑膜上，可以看见一些细小的红色血点分布在白色背景之上。我试着用手套把血渍抹去，但是血渍牢牢黏附在网状组织上。对啦，这是蛛网膜下腔出血。在没有头骨骨折的情况下，这种颅内出血是脑组织在头骨内前后撞击时，导致其表面纤细的血管断裂产生的。这个相对轻微的头部损伤证明了头部是全身最后撞击地面的部位。

我把脑组织取出，放进装了福尔马林的塑料桶，写下一张神经病理学的会诊申请单。人的脑组织刚从头部取出时粘稠度与果冻相似，在福尔马林液里泡两周，就会呈现出马苏里拉奶酪的质地，我到时会和我们的神经病理学家弗农·阿姆博斯特梅切尔医师一起进行脑部切开检验。这种验尸实验没有婉转的医学专业说法：检查完复杂曲折的脑组织表面后，弗农医师会拿出一把长款切片刀和塑料砧板，像切面包片一样切开脑组织。然后我们开始逐一研究每一片脑组织切片的内部结构。我先生第一次听到我下班回家，踢掉鞋子后大声宣称“天啊，今天的大脑真难切”的时候都傻眼了。

我习惯在脑组织都移出后再解剖颈部，因为只有到这时候，头骨和面部的血液才会流干，才可以清楚地看见喉咙前面那条长长的带状肌。出血的带状肌是勒杀的有力证据。死者外部皮肤可能完全看不出来，但是把皮肤掀开后，我就能看着底下出血的肌肉数出凶手有几根手指头曾掐在死者颈部。鉴于有目击者的证词提到死者在跑到窗外前可能曾身陷打斗之中，我就必须仔细检查这个部位，结果我在带状肌上没有发现伤痕，说明查克没有企图掐死杰瑞。

接下来，我移除颈关节固定部位，抓住气管、甲状腺和食管，把它们从舌根处拉出来。我快速检查了一下上腭和鼻窦，然后把右手伸进杰瑞的颌骨后方，伸出左手示指探向头骨内部，并让他点了点头。如果杰瑞的脖子已断，我可能会感觉到有骨头刺到我的手指，或是听到咔嗒一声。正常的脖子是不会发出咔嗒声的。我曾经用这个方法诊断过寰枕关节错位的病例，或是“体内斩首（意为头骨与脊骨分离。——译者注）”——头骨与颈椎上端衔接处被扭断，伤及延髓，立即致死，但是头部仍连接在躯干上。杰瑞的颈椎感觉起来和听起来都很正常，他落地的时候没有摔断脖子。

我暂停手边的工作，把目前检查到的钝性外伤记录下来，然后把注意力转向杰瑞手臂上的穿刺伤。我仔细沿着伤口解剖，直至找到伤口的终点为止。虽然验尸到了这个阶段，杰瑞的血液已经全都流光了，但伤口组织还是呈现亮红色，这是活体反应的结果，也就是说，这些伤口被加诸杰瑞身上时，他的心脏还在跳动。伤口是刀刃的形状，但并不一定就是由刀刃造成的，很有可能是杰瑞冲破窗户时被玻璃割伤的。我把伤口打开，查看内部是否有玻璃碎片，小心翼翼地用戴了三层手套的手指把伤口洗净，然后再次检查，结果连一点碎片都没有发现。但这也不代表就可以排除破碎玻璃割伤的可能，而把伤口定性为刀伤，这两者都可能是造成伤口的原因。我得参考现场勘验的结果了。

“验尸顺利吗？”警察在电话中问道。

“很难说。伤口很多，大多数都是内伤，但是他的手臂上有穿刺伤。这些伤口可能是自卫性伤口，也可能是他在穿过窗户时被割伤的。我有点为难，因为伤口里面没有玻璃碎片，加上消防员也说了关于刀的插曲。”

“所以，你需要我们再回到现场。”这句话不是询问的口气，也没有显示出任何热情。

“如果这个男的冲破窗户是为了躲避火势，这起死亡就是意外事故。但如果他是为了躲避挥刀的攻击者，那就是凶杀案了。要么得找到刀，要么得找到一片至少长 10 厘米的沾血的玻璃碎片。在此期间我会先把这个案子暂停。”

“好，医师。”他听起来并不担心。就算他们找到凶器，此案变成了凶杀案，他们也已经胜券在握。

警察和他的搭档第二天就带着现场照片来到我的办公室，照片里有被打碎的、呈锯齿状的玻璃窗，以及沾了血的碎片。整个房间里的东西都被灰烬覆盖，除了那扇沾血的破窗。我能依据窗户尺寸估算出那些玻璃碎片的长度足以造成杰瑞的伤势。玻璃碎片的整个边缘都沾满了血渍，这告诉我这些碎片曾经停留在人体内。杰瑞在跳出或爬出窗外时，被刺出这些又深又疼的伤口，然后才落地死亡。

负责这起案件的警察告诉我，他们始终没有发现刀的存在，甚至对两个公寓进行了彻底的搜寻后仍无果。“现场一片混乱，消防员拆了每扇门。我们重新询问了那名声称看到刀子的消防员，但他又不确定了。毕竟当时现场吵闹不堪、烟雾弥漫，他也饱受惊吓。”

“我猜他不常遇到有人拔刀对他乱舞吧，尤其是在试图把人拖出失火公寓时。”

警察的搭档回答：“这可是毒窟失火，医师。什么鬼事都有可能发生。”

毒理学报告证实杰瑞体内有可卡因和少量的碳氧血红蛋白，因此，可以把吸入浓烟致死从死因中排除。4 个月后，在收到消防局的报告后，我终于在杰瑞的死亡证明书上写下死亡方式为意外。起火点是床，现场没有证据显示是蓄意纵火。一个吸毒用的烟斗——经目击证人证实为死者所有——是这一场灾难的源头。

这个故事的主角，电视缆线工人，喜欢在晚餐后先吸食冰毒，再带两条狗出去散步。某个下着毛毛雨的夏日夜晚，他迷迷糊糊地遛完狗回来，发现自己被反锁在位于 9 楼的公寓门外。在纽约请锁匠开锁是很贵的，所以，他决定不找锁匠，而是自己想了个主意。他把狗绳绑在门把上，爬上顶楼，撬开电视缆线箱，拆下一条电视缆线绑在自己的胸部。

如果没有被冰毒影响思维，这个电视缆线工人到了这一步，可能还来得及告诉自己“这真是个坏主意”。然而他还是选择了跨过屋顶边缘，开始慢慢往下滑。他打算往下降一层楼的高度，这样就可以够到自己家开着的窗户。他的体重让电视缆线渐渐磨损、滑脱，然后断裂。电视缆线工人抓住窗台边缘又支撑了几秒，几位目击者报告说，曾听见他在高处大叫“救命”，然后他手一松，跌下 8 层楼，落在人行道上。

第二天早上遗体送到我的验尸台上时，状况简直惨不忍睹。他的头骨碎裂得厉害，还有骨头碎片插进大脑中。他的肋骨全都断成碎片，刺穿肺部、食管、主动脉和肺动脉。没有活体反应的迹象，表示这个工人在落地时就立刻毙命了。毒理学报告显示阳性反应。警察向我保证，两只狗完全没事。警方抵达现场的时候，狗就站在那里摇着尾巴，它们的牵绳被绑在公寓门把上，它们正乖乖等着主人回来。

其实很少有意外死亡案件像这个电视缆线工人的故事一样荒诞，即使有些是一听到就觉得荒唐的，比方说“死于蛋卷机”。这可不是笑话，这是一起我在纽约目睹的可怕的生产事故。

一般蛋卷工厂都会有一台跟房间一样大的组合式粉碎搅拌机。在唐人街布鲁姆街的批发商“马克面条”发生意外后，我才知道这件事。他们的粉碎机在高速运转的时候爆炸了，机器里的滚筒和刀片瞬间飞出。刀片从其中一位工人的肩膀处截断了他的手臂，机器碎片则造成另外两人受伤。巨大的滚筒砸在第四个人——米格尔·加林多身上，他的胸骨裂成两片，主动脉和肺动脉断裂，两个肺都被刺穿，但是他的脊髓毫发无伤，头部也完全没有创伤。加林多受了这些可怕的伤之后仍完全清醒，他忍受剧痛直到窒息而死。他没有瘫痪，连行动不便都没有。他未受损的心脏在意外发生后仍持续把血液泵入断裂的动脉，导致血液流入他伤痕累累的胸腔之中。加林多的胸腔里充满了血和空气，直到他再也喘不过气来，直到已经缺氧的大脑用尽血液里所剩的一点氧气。最后，他失去意识，然后终于解脱了。

加林多很健壮，没有心脏或肺部的疾病，肝脏也很健康。毒理学报告显示他的血液中没有毒品、酒精，甚至药物成分。验尸完成后的那天晚上，我挤地铁回家，仍然止不住地在想这个案子。滚筒掉落在加林多身上之后多久他才断气？几秒钟到几分钟都有可能，但我确定他绝不是当场死亡。

“他有没有受苦？”我恨这个问题。死者的家属常会问这个问题。如果答案是没有，我就会告诉他们实话，如果答案是有，有时我会说谎。经验告诉我，哀痛的家属可能已无法好好思考，他们以为自己想知道真相，但后来有些人告诉我他们很后悔知道那些真相。我向一名卡车司机的遗孀撒了谎。某个下雨的晚上，这名司机的十八轮卡车在高速公路上抛锚，他违反了高速公路安全守则第一条：不要下车。当他在检查车子发动机的时候，另一辆大卡车撞上他的车，导致他最后被压在自己的车子底下。他的躯干被压碎，脊柱断成两段，但是跟米格尔·加林多一样，他的头部完好无损，很有可能他在死前还有一段时间仍保持清醒。他的太太在电话里问我：“他有没有受苦？”

“他当下就断气了。”我撒了谎。

我在旧金山接受医疗培训的那段日子，每天都有死于车祸的遗体送进来，但在纽约就很少见了。曼哈顿机动车的平均时速是每小时 11 公里，“负鼠跑起来都比这快。”赫希医师说。比较常见的车祸案件是行人与汽车或公交车的事故，但就算这些也很少见。

我接手过一位老太太在通过十字路口时，被一辆运货卡车从背后撞倒致死的案子。货车司机一开始还不知道老太太已经被卷入车轮下，直到大家对他大声尖叫，说他撞死人了，他才发现。我在工作第一周时接手过被小货车碾过的克罗列娃的验尸。2001 年圣诞节期间，一位老先生本想踩刹车却误踩成油门，在先锋广场冲向涌动的人潮，撞倒了一群正在逛街的民众，造成 7 人死亡、8 人受伤。该案最后一位死者的验尸是我负责的，是一名骨盆被撞碎的女性，在医院撑了 16 小时后不治而亡。

梅琳达 · 海恩坐在车内，驾驶座上的男友喝得酩酊大醉，以时速 110 公里闯过红灯，撞上路边的一栋花岗岩建筑。海恩死于右后方的乘客座位，她最好的朋友凯蒂死在她身边。这辆雷克萨斯轿车的主人是凯蒂的男朋友，也就是事发当时坐在副驾驶座的男子，他的下场是脾脏撕裂伤，但是保住了性命。海恩的男友詹森 · 德威尔经历了这场事故后只有几处割伤和擦伤，当然还有因为酒驾、车祸过失杀人罪以及刑事过失杀人罪被以重罪起诉。

我被海恩的美貌震慑了。这个女孩死于青春正好的年纪，除了安全带造成的几处挫伤，她的外表没有丝毫损伤。当我站在她完好无缺的遗体旁，我的职业性好像失效了片刻。看到有几缕发丝盖着她的眼睛，我下意识地帮她把头发拂开，仿佛她只是个沉睡中的孩子。

在她体内，我看到了急剧加速、减速造成的伤害，这是高速车祸的常见致死原因。海恩的脊柱在第 11、第 12 胸椎之间断裂，这里正是当她呈坐姿时的重心位置，她的主动脉也在同一个位置整齐地断成两截。破裂的血管的直径跟花园里的水管差不多，她体内大多数的血液都流入腰背部的肌肉并囤积在那里。安全带虽然让海恩不致飞出车外，但是在那样的速度下，也无法让她逃过急性胸腔主动脉断裂导致的死亡。她的头部没有受伤，所以，在那可怕的事故之后，她恐怕仍保持清醒并感到剧烈的疼痛。她一定也非常恐惧，因为脊柱断了，她当时已经瘫痪。在内出血让她送命之前，短则几秒、长则数分钟的时间里，她的腰部以下都失去了知觉。

海恩之死受到了各界的高度关注。我在完成海恩的验尸将近一年后，即 2003 年 3 月时，还因为詹森 · 德威尔一案被传唤出庭做证。跟地方检察官碰面准备出庭事宜时，我正怀着已经 8 个月胎龄的莉雅，我们家的第 2 个孩子。

虽然纽约市的法医工作有 99% 都是在第一大道 520 号进行的，但还有 1% 比较令人兴奋、费神且类型特殊的工作是在市立法院进行的。当纽约市负责处理案件的地方助理检察官觉得光靠死亡证明书和验尸报告不够有力时，就会传讯我们。出庭做证是专业法医培训中很重要的一部分，我出席过 13 次庭审，出庭之前我都会花很长的时间回顾我的报告、照片和笔记，准备宣誓做证。

地方助理检察官想要以过失致死罪起诉詹森 · 德威尔。“你通常都以这么重的罪名来起诉酒驾案件吗？”我问他。

“没有。但这件案子里，超速和闯红灯显示出被告对人命的轻视。”根据目击者的证词及那辆雷克萨斯的损伤程度和建筑物被撞坏的状态，不难想象德威尔当时的车速有多么致命而不顾后果。如果时速是 50 公里，甚至 60 公里，海恩的脊椎都不会被扭成两段，她的主动脉也不会断成两截，她就有可能活下来，但在时速 110 公里的情况下就没有机会了。

我的证词很直接。我形容了海恩腹部和右肩的擦伤状况，与安全带造成的伤口相符。我告诉陪审团，验尸时我发现肠道撕裂伤以及输尿管断裂，创伤特征符合猛烈加速、减速的情形。“她所受的致命内伤是高速移动突然完全终止造成的。”我一边说一边用两个拳头相叠，模拟海恩的脊柱，然后把两个拳头水平向两边移开，表示扭断。“主动脉是人体最大的血管，位于脊柱前侧，同样也被扯断，因此，血液都流到她的腰背部肌肉里。”我看到陪审团中有人露出畏缩的表情。

检察官对法庭上的戏剧张力非常敏锐。“海恩当时多大？”他问道。

我停下来，翻翻手上的报告，“她当时22岁。”

那是我跟托马斯订婚的年纪。我们在第二年结婚。我30岁的时候成了丹尼的母亲，现在我33岁，一个月后我会再次迎来新生儿。海恩永远没这个机会了。

“她的生命被彻底浪费了”的念头又重回我的脑海中，而且一定也显示在我的脸上了。检察官让陪审团陷入“死者原本有大好青春年华”的想法之中。

“我没有其他问题了。”检察官说。

在悲剧发生的那个凌晨，坐进朋友的雷克萨斯轿车驾驶座的毫无前科的男子，在2周的庭审结束后，被判2~6年有期徒刑。

“噢，太让人难过了。”史密迪医师听完我做证的事后，用她那特有的温柔语气说道。“真是个令人难过的故事。”她一边翻着首席法医办公室的入档文件——一堆当天要处理的死亡文件，一边低声重复了一遍。那天早上轮到她分发案件给每个法医。“这个案子也很令人难过。”她翻到了登记表上的下一个案子，“你看这个小伙子。还有这个，真令人难过啊。”

我靠向史密迪医师身边，压低音量，使用和她相仿的温柔语气。“史密迪，”我说，“他们全都很令人难过。”

PART 5

中　毒

“敲门的时候不要站在大门正前方。”罗素 · 唐恩提醒我，脸上露出一副颇有经验的表情。我们走进一处住宅的前院，空气里闻起来有外卖和尿液的味道。“警方有守护现场的责任，但是他们讨厌照看尸体。他们多半只会留一位巡警站在公寓门外，而这些人可能会忘了告诉你那个疯狂的女友或是吸毒的亲戚还在屋里。”

这位资深法医调查员用力按下 7 楼的电梯按钮，然后继续传授经验。“门一开，就请所有人离开屋内，只留下警察。移动遗体的时候你绝不会想让家属继续留在现场。确保你身边有一位警察陪同，让他证明你没有从遗体身上偷走任何财物。”然后他直视我的双眼，说出了那句所有法医都了然于心的名句：“把自己择干净。”

我们抵达目的楼层，走出拥挤的小电梯。果不其然，两名警察就站在走廊最末端的一扇门前。我还隐约听到有哭泣声从那个方向传来。

我第一次跟法医调查员出外勤，死者是一名瘾君子。毒品害死了很多年轻人，但有时一些人可以跟药物成瘾和平共处，度过漫长的人生。公寓里的死者年纪大概六十出头。他年老的母亲发现尸体后放声尖叫，邻居打电话报警，警方到了以后判定男子已死（唐恩说“就是用根棍子戳一戳”），就打电话给首席法医办公室了。

房间虽然狭窄阴暗，却相当整洁，不是我预想的乱七八糟的样子。另一位巡警一脸不情愿地站在狭窄客厅的角落里，死者母亲一个人在厨房里哭泣着。唐恩一边用熟练、专业的态度安慰她，一边引着她走向门外。

他回来时已经戴上手套，将夹好纸的记事板夹在腋下。“我们要试着让家属在现场就签好身份证明文件，这样他们就不用再跑一趟办公室。”死者母亲告诉唐恩，她发现儿子的时候他就已经是这个状态，她没有试着移动他。遗体脸部朝下，趴在客厅沙发上。唐恩开始轻拍死者的衣物。“找找看有没有针头，特别是口袋里——就算已经有一根针插在他手臂上也一样。确保你记录了死者身上所有的物品，并且把它们登记为法医证据。”

等唐恩完成现场评估，并且检查过遗体，他的工作就只剩下把遗体移到太平间的货车上。身材魁梧的司机戴夫助了他一臂之力。遗体是很重的，要担任法医调查员，除了要对家属有同情心、对环境有洞察力、不害怕处理死尸，还一定得身体强壮才行。他们的薪水优渥是有原因的——谁都会希望来搬运自己遗体的人是专业人士吧。

“让重力帮我们一把。”唐恩说道，他正和戴夫把遗体从沙发上移到铺在地上的尸袋里。他们拉上厚实的尸袋的拉链，抬起几厘米，把它放上已经调低的急救床。戴夫把急救床的剪刀型床脚调回腰部高度的时候，唐恩已经打开大门。“尸体装入尸袋以后，我们要尽快离开现场。”唐恩边说边把记事板塞进运动包里。

门外的走廊上，死者年迈的母亲意志消沉地坐在一把从厨房搬出来的椅子上。站在她身边的是一张新面孔，一位面无表情的男子，长得跟毒瘾死者很相似。两人都一言不发地看着我们。我们到达走廊尽头，戴夫按下几根杠杆，让急救床直立翻起，这样被带子固定在金属急救床上的尸体就能跟我们三人一起进电梯了。

“你看到他兄弟前臂上的痕迹了吗？”等我们终于走到屋外，可以呼吸新鲜空气时，唐恩问道。我承认自己没注意到，他严肃地点点头，“他看起来已经神志不清了。可怜的母亲。”

赫希医师有条规定——只要死者生前曾有过滥用药物的问题，就一定要验尸，而纽约的药物滥用者和酗酒者可多的是。“酗酒者和瘾君子活在社会的边缘，他们比没有吸毒或酗酒的人更容易死于外伤。”赫希医师对我们说道。慢性酗酒者特别容易死于不明外伤——隐藏的伤势是外观检查难以发现的。“喝醉的人是很脆弱的。鉴于内伤有时难以察觉，我们就有义务在写下死亡原因之前先完成彻底的验尸。而且记住，不能只依赖毒理学报告。毒理学是用来印证你的想法，不是用来帮你做调查的。”

从数据上看，酒精是最致命的毒药，它会慢慢杀死慢性酗酒者，也会让狂饮之人暴毙。2002 年的元旦，我们接到的 7 起案件中就有 4 起是因为酒精而死亡。总而言之，喝酒的人给我增加了不少工作量。

查理才刚过完 40 岁生日，就被发现死于自家地下室公寓台阶旁，手上还抓着一袋外带中餐，血液里大概有 18 个 shot（小杯烈酒。——译者注）的烈酒。调查员跟查理的室友谈过，室友表示查理一周大概要喝醉 3 次。在帮他验尸时，我花了大把时间记录这个人几乎遍布全身的刺青和各式各样的穿环。我很幸运能有个老练又麻利的验尸技术人员协助我，还有来自纽约大学医学院的病理科住院医师维尼的一臂之力。

“哇！”脱掉查理的裤子时，我实在没办法保持专业形象了。他在自己的生殖器上加装的各种金属饰件实在太令人吃惊了。“这是什么鬼？”

“哦，那个叫‘阿尔伯特亲王’。”维尼用一种理所当然的口气回答。技术员和我同时转向他。我们问的是一个粗大的银环，里面有颗灰色的金属球，就穿在死者阴茎的顶端。就连我这个没有阴茎，而且已经见过无数穿在私密之处的奇异物件的人，也觉得“阿尔伯特亲王”应该会让人疼得不行。

“这个小东西也是吗？”我一边问维尼，一边用手术刀指着一个类似的小玩意儿，它就穿在查理的阴囊与肛门之间的组织上。

维尼皱眉，“我从没见过穿在那里的，但我猜应该是一样的名字。污点‘阿尔伯特亲王’，有意思。”我停下来仔细在人体图表空白处记录下这些装饰品的位置，这些东西实在没有办法用速记来描述。

移除尸体上的所有珠宝饰物，并存放在密封袋中，以便届时归还家属，这是验尸工作的一部分，所以，等我登记完查理所有的饰品后，我就开始把这些东西一一取下。拆到“阿尔伯特亲王”的时候，我先尝试着把那颗小球拧下来，以便把刺穿皮肤的银环取下，但是那该死的小球纹丝不动，于是我拿起手术刀。“医师，别！”技术员话还没说完，我的刀子已经割开死者生殖器的顶端，把“阿尔伯特亲王”取下来了。我身边这位高大的男子双目圆睁，用手捂着自己的下体，快速后退了一步。

我切开查理的尸体时，甜甜的酒精气味盖过了验尸房的其他味道。我没有找到任何自然疾病的征象，或显示死者生前曾与人打斗所造成的隐藏内伤。在现场照片中，死者呈蜷缩状，窝在地下室的台阶下，这表示可能是体位性窒息致死。他落地的位置就在关着的家门外，下巴抵在胸膛上，外带中餐的袋子还握在手中没打开。我询问史密迪医师的评估意见，她就在我旁边的验尸台工作。当人以一种会阻碍气管通气的姿势昏厥过去，就容易发生体位性窒息，这通常会在遗体上留下征象，但是史密迪没找到这类征象。“他没有红细胞增多症，也没有瘀点。”她检查死者的双眼后说道。红细胞增多症表现为脸部充血，而瘀点则是眼白（巩膜）的血管破裂导致，这是颈部受到压迫的征象。“吉姆，你可以过来一下吗？”

吉姆·吉尔医师是那天在场的另一位资深法医，他过来加入我们。“好，”史密迪说出她的担忧后，他如此回复，“但是就算没有瘀点和红细胞增多症，我们也不能直接排除体位性窒息的可能性，除非气管完全没有遭受挤压的征象。快速毒理学检验做了吗？”

“结果是阴性，但我不相信那结果。”我不满地说。快速毒理学检验正如其名，以即时尿检的方式检测酒精和部分药物的代谢产物——理论上来说。大家都觉得它的可信度通常非常低。“他有酗酒史，而且闻起来也是一身酒气。”

“没错，”吉姆同意，“再做一次快速检验，就算结果是阴性，以防万一，再给他做个血液毒理学检验。

第二次快速毒理学检验报告结果是阳性，但除了让我们知道这检验就像丢硬币一样不靠谱外，并无任何帮助——不过血液检验最终确认了查理血液中的酒精浓度之高足以使冠军级的饮酒者失去行动能力。公寓大楼的现场照片看不出有挣扎或打斗的迹象，警方也没有发现暴力闯入的证据。我的结论是：他是自己滚下楼梯的。

“头部创伤没让他摔死吗？”我完结案子后，在下午的会议上汇报时，吉姆问。

“没有头骨骨折，没有大脑损伤。”

“但他是喝晕了才滚下来的，还是摔倒后撞到头才昏过去的？”

“嗯，”我回答他专业又搞笑的提问，“都有可能，死因都是一样的。也许他是酒精中毒导致失去意识，或者可能摔倒后滚下楼梯。鉴于脊椎没有受伤，不论哪一种情况，都是因为喝酒才导致他倒在楼梯下方直到停止呼吸。”

“安全起见，最好两种都写下来，”吉姆建议，“头部遭钝性撞击，以及急性酒精中毒。”

“因为钝性撞击而滚下楼梯导致的体位性窒息一类的。”史密迪补充。

我在纽约市首席法医办公室的两年，经手了无数像查理这样的验尸案，都是因为急性酒精中毒致死，但是慢性酗酒者会花上数年的时间慢慢把自己喝到死，人数比那些喝醉摔死的更多。一起死亡案件中如果没有外力迹象，死亡证明书上通常就会写下“死亡方式：自然死亡”。死者可能有肝硬化、胰脏纤维化、心脏病、肠道出血和各种大小病痛，全都源于多年来完全合法的酗酒生活。我在纽约进行的最后一起验尸，对象是一名双重酗酒的男子，死于长年酗酒及急性酒精中毒。

保罗·法内利在 2003 年 1 月 18 日清晨被冻死，这天的气温只有个位数，他像往常一样睡在上西区的教堂阶梯上。即便在这样恶寒的天气下，他仍然拒绝到流浪者之家过夜。医护人员抵达现场时，发现法内利已经没有意识，他的呼吸很浅，体温低得惊人，只有 21℃——这大概是一个活人能承受的最低体温了，不久后他就过世了。

我马上看出法内利是死于低体温，因为本应该是平滑、呈粉色的胃黏膜却呈现深红色，上面还有许多深棕色的溃疡小点。当你的体温降到 35℃以下，身体就会进入危机管理模式，停止向不重要的器官供血，以保持中枢系统继续运作。在严重低温的最后阶段，血液会涌回原本被停止供血的胃部，造成再灌注损伤，称为“豹纹状胃黏膜病变”。直至今日，我都没有再见到比这次案例更清晰、典型的例子了。每具遗体都有自己的故事，而这一具则讲述了一名男子被活活冻死的悲惨故事。

法内利血液中的高酒精含量显示他死时显然是喝醉的状态，酒精浓度之高，如果换成一个酒精耐受度较低的人，就会先死于酒精中毒而不是环境损害了。他可能是喝醉后昏过去，之后再也没能醒来。教堂和流浪者之家的人都说已经露宿街头 30 年的法内利常常把自杀挂在嘴边。不过他并不是自杀死的，无法在死亡证明书上写下“自杀”。我最后判定法内利的死亡是一起意外。

酗酒者常常被人发现死于自己家中。因为酒精是合法商品，如果发生意外中毒致死，不会有人想要掩盖罪证，至少在死者是成人的情况下是如此。但如果有人在朋友家使用管制药物致死，那这个朋友就得做出抉择了，看是要报警，还是弃尸。如果他把警察叫到家里来调查死亡案件，就很难不泄漏自己的违法行为。他可能为了掩盖自己的罪行，决定找个地方遗弃这个吸毒致死的友人的尸体。当然，他也可能不会这么做。

我被分到邮车弃尸案，全怪苏珊一语成谶害了我们俩。2001 年 10 月 25 日晚上，我正准备下班，苏珊拦住我，她跟我开玩笑说：“明天只有我们俩当值，记得穿跑鞋来上班。”

那天晚上在家，丹尼一如往常地精力充沛，所以，吃完饭我们看新闻的时候，托马斯就让丹尼绕着房间跑圈——这时我们看到一则糟糕的大头条。公园大道一处建筑工地脚手架倒塌，造成 5 人死亡。光靠苏珊和我两个人根本无法验完这 5 具尸体，如果有其他案件来搅局，就更不可能完成了。“我得上床睡觉，”我告诉托马斯，“明天肯定会忙疯了。”

他伸手指了指穿着睡衣还在绕圈圈的丹尼，“你去跟那只小猴子说吧。”

第二天早上进办公室后，我发现办公室被天花板管道喷出的水弄得到处湿答答，两名维修人员拿出几个水桶接水，然后忙着清理，还有一个维修人员站在办公桌上，头和肩膀都隐没在天花板里。佛洛蒙本医师在湿透的混乱现场中来回穿梭，整理出案件分配单，因为今天有多人死亡案件，他没办法放慢工作速度。

“跑鞋是吧？”我找到苏珊后对她说道。她冲我做了个啼笑皆非的鬼脸，“出了这种工程事故，我们还能怎样？”

“图里和海斯本来今天要处理文书工作，佛洛蒙本把他们叫回来了。他们每人负责两起解剖，芭布 · 博林格负责第五具尸体，她也要负责帮一位疑似硬膜下出血的老太太验尸，这位老太太在没有人目击的情况下摔倒。我的案子是 3 周大的婴儿，疑似婴儿猝死综合征，你要负责邮车案。”

“我负责什么？”

“穿戴好就去验尸房吧，”苏珊说，“去了你就知道了。”她说的没错。在验尸房最里面，放了一辆标准型美国邮车，帆布制、底下还装有轮子的那种，大概 1.8 米 ×1.2 米大，90 厘米高，闻起来活像是装了尸体的垃圾桶。一走近邮车，我就知道这味道是怎么回事了。那肮脏的袋子里装满了纽约的街道垃圾——还有一双脚从垃圾堆中伸出来。

邮车是在 53 街和 11 大道旁的巷子里被发现的。翻找食物的流浪汉发现了尸体，于是打电话报警。警方在垃圾堆中发现一张黑色聚酯纤维毯子，貌似包裹着一具躯体。这捆东西被弹力绳捆着颈部和双脚，用电线缠住膝部，再用一条男款领带捆住臀部的位置。警方剪断其中一条弹力绳，一双人的脚露了出来，他们就决定把整车垃圾，包括尸体和其他东西，全都送到我们的办公室。

“什么啊！”这是我的第一反应。纽约市警局凶杀组的穆勒警官就站在那里等着我。“警官，这东西出现在我的验尸房是什么意思？”

“里面有具尸体，医师。”

“我闻得出来有尸体！但是从什么时候开始，记录整个犯罪现场也变成我的工作了？这辆邮车归你们才对！”

“嗯，”他摆出一副标准的不在乎表情，“我猜他们认定这是一个移动式的死亡现场吧。”

我真是目瞪口呆。这个容器里面的每一样东西都是证物，全都得被取出、检查、装袋，然后登记——所有臭东西，一件一件来。但这是我的案子，现在它就在验尸房里，没有其他人会来把邮车里的物品登记归类。所以，我走到房间另一头，抓了一大把证物袋，开始做正事了。

一口平底锅；两只揉烂的纸袋；一只破成 13 片的黑色瓷盘；两个空的连盖咖啡纸杯；一个装着半杯咖啡的纸杯；一个空的橙汁瓶；一个破掉的空啤酒瓶；一条死鱼；22 根塑料搅拌棒；几张报纸，大多已揉成团，部分沾有黏稠物；两个吃了几口的三明治，其中一个装在外带包装纸里面；零碎的鸡骨头。

还有一具尸体：男性，白人，已腐烂，以毯子包裹。

我找了几个技术人员来帮我把尸体移到验尸台上，然后小心翼翼地拆开包在外面的毯子。有几根粗糙、黑白混杂的毛发黏附在毛茸茸的毯子外面，当我检查尸体的双手手指时，也找到这些毛发。毛发不是死者的——他有一头浅金色头发——不明毛发看起来像是来自动物毛皮。死者身上只穿了一条内裤，我进行了强奸检验。腐烂导致的变化让我很难判定尸体在死亡时的状态。他的皮肤湿黏发绿，他头朝下被丢进袋子里，脸部已经扭曲变形，而且发紫，眼球凸出。我轻轻一拉，他的头发就脱落了。腐烂的气味臭得让人快要窒息。

体内状况未发现异常——没有断裂的肋骨，没有头骨裂痕或大脑出血，没有勒死的迹象。最后我只能告诉穆勒警官，这具尸体不是自己把自己用毯子捆起来的。“可能是跟毒品有关的弃尸，但在拿到毒理学报告之前我没办法确定。”

一周后，通过指纹对比，警方从数据库中揪出了一个身份。迈克尔·唐诺修的姐姐克莱尔来到我的办公室，还带了唐诺修的一位朋友同行。唐诺修因为一桩毒品案件，现在正在假释期间，所以，当他行踪不明的时候，克莱尔没有马上报警。“我不想害他陷入麻烦，”她解释，胆怯但坚定，“他以前吸毒，但现在不吸了。”

“他吸什么毒？”

“可卡因。他是因为吸食可卡因被捕的。他以前也酗酒，但是从夏天开始就一直参与戒断治疗。他在音乐界工作，是一名顾问，要参加很多电视台的会议。”

“唐诺修把自己打理得很好，”唐诺修的那位朋友补充，“他总是穿昂贵的西装，配上精心修剪的发型。他说自己得看起来像模像样才行。那几天谁都找不到他，这不像他。我试着打他的手机——一个陌生人接了，然后马上就挂断了。”

那天他们来到我的办公室，问能不能让他们看看包裹尸体的毯子和上面的领带。这两个女子看了一眼以后，马上确定那条领带不属于死者。我鼓励她们告诉穆勒警官那通打到唐诺修手机上的电话，然后告诉她们，等我拿到毒理学报告，会亲自跟穆勒联系。

几周后，负责唐诺修案的地方助理检察官打电话给我，请我催一下出毒理学报告的速度。穆勒警官已经帮我们描绘出案件的初步状况。一对当地的吸毒男女迪诺和史黛西某天晚上在夜店里认识了唐诺修，然后大家一起回到迪诺家狂欢。这两个人告诉穆勒警官，唐诺修打了两剂装在玻璃纸信封袋里的海洛因，然后就睡着了，还大声打呼，到早上他就死了。迪诺和史黛西于是把他的尸体用毯子裹起来，丢进邮车里。

毒理学报告显示唐诺修的血液里有可卡因、海洛因和酒精的大杂烩，但这并不足以让他的毒友免除嫌疑，因为我还没判定他被裹起来的时候是生是死。第二天下午 3 点，当我汇报这起案件时，赫希医师指出唐诺修的血液里有每升 0.5 毫克的阿片类药物，全是 6- 单乙酰吗啡。“这可是不少 6-MAM（6- 单乙酰吗啡，6-Monoacetylmorphine 的简称。——译者注），而且它们还没被代谢成吗啡，这说明他在吸毒后 12 小时被裹起来时已经死亡。如果他在这段时间里还活着，这些药物就会全都代谢为吗啡了。”所以，报告显示这起死亡属于意外，唐诺修应该是因为使用了过量海洛因致死。海斯医师指出，另外两人听到的“打呼声”可能是濒死的呼吸声，是标准的阿片类药物过量致死的现象。

我在圣诞节前夕收到警方报告，并在死亡证明书上写下“意外致死”后就送交了。结果 2 周后，地方助理检察官又打电话来了。警方取得了一份迪诺认罪的自白录像带，里面详述了他和史黛西如何谋杀了唐诺修。

“什么？是凶杀案？”

“被告认罪时是这样说的，”地方助理检察官回答，“有录像作为存证。”

“他们是怎么拿到这录像带的？”

“穆勒警官和帕特森警官让迪诺承认他和他女友弄了一剂大剂量的海洛因，注射到受害人体内，再偷走他身上的钱。我们目前以二级谋杀罪起诉他们。光是承认他们给受害人注射海洛因就足够了，即便没有盗窃动机。”

“太棒了！”我兴奋地答道，一时忘了有个男人因此送了命，“我老板一定会很感兴趣的！”

我猜得没错。“中毒致死是十分罕见的，”我把案件的最新发展向赫希医师报告时，他说，“你会见到大陪审团吗？”

“周四。”

“你到现在为止做过几件大陪审团的案子了？”

“这是第三次。”

“别紧张，”他安慰我，“要记得，你不是在受审。”

周四早上，我穿上我的绿色幸运套装，前往中央街 80 号，与起诉法律顾问，同时也是地方助理检察官的哈维 · 罗森碰面。穆勒警官和帕特森警官也在，就站在大陪审团室外面。我问了他们全办公室都想知道的问题。

“你们是怎么办到的？”

“是死者的姐姐给我提了个醒，”穆勒说道，“她说她弟弟不可能一次注射大剂量的海洛因，因为他从小就怕针头。她坚持说她弟弟只吸过可卡因，从没碰过海洛因。我们已经有那通电话的通信记录，所以，我们找到地方检察官，再次把迪诺和史黛西叫来。”

帕特森配合着他的搭档，紧接着说：“一开始两个人的证词就对不上。史黛西说唐诺修是自己注射的，但是迪诺说史黛西帮了他。她的前科可多了，有不少毒品和卖淫的记录。所以，我们把迪诺单独隔开，告诉他我们发现史黛西跟唐诺修私底下搞了不少勾当，说她瞒着他赚了不少钱。你知道，迪诺本来觉得史黛西是他的女友，听到我们这样说，他气炸了，嘴上的门就关不住了。”

帕特森是个身材短小精悍的男人，有着宽宽的肩，配上一双明亮的眼睛。他的资历比较浅，只有 10 年当警察的经验，穆勒则有 17 年了。他看起来对于要站在大陪审团室外面浪费整个下午感到很烦躁，不过回想起让迪诺认罪的过程，他又兴奋起来。“所以，后来他改变说法了，他说史黛西打算弄一剂猛的给唐诺修，足以让唐诺修睡死，然后他们再一起偷唐诺修的钱。她帮唐诺修注射后，两人一起等到他开始打呼，然后从他身上偷了 600 美元，他们早就发现唐诺修的皮夹里有不少钞票。他们又买了更多毒品来注射，然后坐在那里盯着尸体看了一整天。直到一个朋友去他们家，看到唐诺修的金发从毯子边缘露出来，这两个天才这才惊觉他们必须弃尸才行。”

这表示我在这具尸体上看到的腐烂变化，是在现场被放了两天，然后又在太平间被冻了一个晚上后的结果。当时警方把东西送来后，我同事不得不把整架邮车推进冷冻室冻起来。要检验尸体的腐化状况，方法有很多种，我试着让每一起腐烂案例引导我。从唐诺修躺在我的验尸台上时呈现出的绿色的皮肤和发紫的脸色，我得知一个身材中等的男子在死亡后48小时都被毯子包裹，接着又被头朝下投进露天放置的大袋子，没有动物侵袭的痕迹，身上覆盖着香蕉皮和汽水罐，暴露在秋天凉爽、干燥的气候中。我把画面存进脑袋里。

“我们拿到认罪书，”警察继续说，“迪诺写完后问：‘我会以什么罪名被关？’我们的罗森就说：‘二级谋杀。’回答得一秒不差！”有着一脸灰色胡子的罗森站在一旁微微一笑。帕特森说：“我跟你说，再过2年，我就能领退休金了，但如果能让我再看一次迪诺那家伙的表情，我愿意再多干4年。”

“法律是不分责的，”罗森补充，“因为他想要偷唐诺修的钱，他就跟动手注射毒品的史黛西一样，要在这起死亡案件中负一样的责任。即便他们只是想让死者‘嗨’一下，但在史黛西把针头插进唐诺修体内后，唐诺修断了气，这就是凶杀案，可能会以过失杀人罪起诉。不过给死者注射大剂量毒品，动机是为了偷他的钱，这就让整件事变成谋杀了。”

穆勒警官告诉我，我把那些出现在唐诺修手指间和毯子各处的可疑毛发归档是正确的决定，那是狗毛。迪诺养了一只黑白相间的德国牧羊犬，他说唐诺修失去意识之前还在跟狗玩。

大陪审团的运行是封闭的，旨在判定是否有足够证据让嫌犯受审。他们所在的法庭是一间巨大的、回音荡漾的会议厅，墙上是深色的木制镶板。会议厅里坐着20位市民陪审员，但没有法官。我站在会议厅中间厚实的橡木桌旁，看着地方助理检察官罗森。“检方传唤朱迪·梅勒涅克医师。”他宣布。

一位年长的西班牙裔陪审员，脸上留着八字胡，走上前来请我举起右手。“你发誓所提供的证词均为事实，没有隐瞒与保留，没有半点虚言，否则将以伪证罪受到追究？”

“我发誓……”我说完誓言后坐下，我的神经已经被这戏剧性的传统法律仪式弄得有点紧张了。我很惊讶自己只遇到两个问题让我回答得比较吃力——我没想过要如何简短地回答——什么是“病理学”和什么是“验尸”。除此之外，我的第三次在大陪审团面前提供证词的经历可说是十分顺利。

第二天下午 3 点的轮巡讨论中，我再次重述了邮车案的状况，赫希医师对于德国牧羊犬的毛发鉴别那段显得特别感兴趣。“光是靠狗的毛发这项证据，他们就能证明你的死者曾与两名嫌犯一起处于公寓之中，就算没有认罪录像带也一样。”我后来一直不知道迪诺和史黛西的下场，他们大概会认罪吧。我的确听说警察在公诉时用了狗毛作为证据。

因为过量使用非法药物致死的案子通常处理起来都不会太困难。典型的用药过量致死者一般都是年轻且相对健康之人，所以，解剖过程会很快。如果我没有发现任何奇怪之处，就只要等毒理学报告回来，分辨出是哪一种化学药物导致死亡即可。在忙碌的工作日，单纯的用药过量致死案件总是受大家欢迎的，除非，那个上蹿下跳、弄不好还有药物滥用问题的不正常的家庭成员也来插一脚。用药过量致死的案件偶尔会引来一两个麻烦的家属，把人逼到抓狂。

罗伯特 · 沃德，28 岁男性，白人，有酗酒和滥用药物记录，处方用药和违禁毒品皆有。2001 年万圣节前一周，他出门与朋友喝酒，当晚独自回到住处，几小时后被室友发现已经断气。

我和死者母亲的第一通电话中，沃德太太强烈反对进行验尸。“不准你动我的宝贝！”她尖声警告，她说的“宝贝”指的是她那高 1.89 米、重 110 千克的儿子。由于这算是家属反对，我只能暂停验尸，先跟赫希医师谈。

下午 3 点的轮巡中，赫希完全站在我这边。“如果死者没有酗酒、吸毒的记录，而且整天都在家跟他妈妈在一起，结果睡了一觉却去世了，那我会说你当然可以只做外观检查就好。但是我知道死者可能有时外部毫无损伤，内部却有致命伤口。喝酒的人容易卷入打架事件，而且这么年轻的男人是不会因为喝酒就送命的。我们一定得验尸。”

验尸的过程很简单。沃德太太的“宝贝”患有肝门静脉淋巴肿大（淋巴结因肝脏损伤而肿大）和脏器充血（心力衰竭导致），还有 2.5 厘米堆积成锥状的粉红色泡沫从嘴角冒出，这是肺水肿的缘故。这 3 个症状同时出现，强烈指向阿片类麻醉剂中毒。在平素健康的纽约年轻人身上看到这景象，十之八九就是海洛因过量致死。

沃德的毒理学报告 4 个月后才来到我桌上，那段时间沃德太太每周至少会打两通电话给我，有几周她甚至是天天打。对于沃德的死因她有各式各样的理论，通通都与毒品无关。“他不吸毒的。”她一直坚持，尽管我每次谈话时都告诉她，我在验尸过程中清楚地看到吸毒致死的证据。“那寿司呢？”她在其中一次通话中问道，“常常有人因为吃到不新鲜的寿司就死了。他那天吃了寿司。你检验他胃里面的寿司了吗？”我试图坚定地用专业态度表示并不是常常有人吃到不新鲜的寿司就送命，在我的经验里也从来没有人因为吃到不新鲜的寿司而死。因为大量海洛因而死的，有；因为不新鲜的寿司而死的，没有。

“那啤酒呢？他吃寿司的时候还喝了啤酒——这可能会引发中毒啊，可能是啤酒让不新鲜的寿司更加危险！”那 4 个月之中，关于沃德到底是怎么死的，他的母亲几乎每天都会想出一个新的理论：误用了朋友的哮喘药、炭疽热（他的死亡日期就在 2001 年 10 月发生炭疽热信件恐怖袭击事件后不久，这可是当时的热门话题）、牙槽炎、尘螨，还有反复提起的不新鲜寿司致死理论。

圣诞节后不久，毒理学报告终于出来了。报告显示沃德体内有致命剂量的海洛因、可卡因和镇静剂地西泮的混合物。我以为这项结果应该可以让哀痛的沃德太太明白，她的儿子并非死于不新鲜的寿司。结果，我们在电话中谈过毒理学报告的内容后，第二天沃德太太就出现在首席法医办公室。

警卫打电话来通知我，说她就在大厅等着，手上还抓着一瓶奈奎尔牌感冒药。她在药店买了这瓶药，想要带来给我看，因为她儿子死前一周她曾看到他把这种瓶子带在身边。请注意，并非就是奈奎尔牌感冒药的瓶子，而是一个跟它很像的瓶子。她的理论是奈奎尔牌感冒药跟她儿子朋友的哮喘药产生了相互作用。我尽可能温和地向她解释，毒理学报告中的药物含量已经确认了，她的儿子就是死于吸毒过量。

她大受打击。“我儿子不会吸毒的。”沃德太太重复道。我向她保证，沃德的死亡证明书上会写上“意外”——这个结果却成了她最大的忧虑。意外死亡，等于说是他的错，甚至是她的错，因为是她用这样的方式养大了儿子。“这是凶杀案，”她直视我的双眼，冷静地说道，“有人卖毒品给我儿子，是他们害死我儿子的。我会循着线索找出到底是谁，再报警，我会报警让警察把那个人抓起来。”

循着线索找出？这个女人到底看了多少电视剧？“你说循着线索是什么意思？”我问道。沃德太太告诉我，她听说有人指出上城区百老汇大道那里,有一家店里的汽车修理工讲到沃德死于吸毒过量的事。她觉得这代表那个人就是贩毒给沃德的人。她打算去店里“讯问”那个男人。

我不禁担心起来。“毒贩都是不择手段的，”我谨慎地挑选着自己的用词，“他们可能会伤害你，特别是在他们觉得自己受到威胁的时候。我强烈建议你不要去找这个人对质。”我心里想到自己可能要跟赫希医师解释，为什么我手上一件简单案件的死者的母亲，最后会变成东河里一具被五花大绑、随波浮动的尸体。

我与沃德的母亲接下来的谈话中，她一直在大声哭泣，然后又冷静地解释几个她称之为“犯罪”的理论。她甚至表示，儿子的死可能是自杀——她不愿面对摊在面前的事实，不愿接受已经摆在眼前的毒理学检验报告，那上面写着她儿子为了消遣而吸毒，最后送了小命。我就坐在那里，握着她的手，尽可能表现出同情之意。沃德太太终于在约 1 小时后回家去了，走之前还坚持要我收下奈奎尔牌感冒药，以便“好好分析”。

2 月 19 日，我发出死亡证明书，让沃德一案正式结案。沃德太太第二天立刻就打电话给我，感谢我完成书面报告，并问我是否把他儿子的组织样本“收纳在安全之处”，这样她就可以开始着手自己的“侦查计划”了。

3 月，我开始到布朗克斯的法医办公室，进行为期一个月的轮转。我一抵达那里，马上就发现自己深陷无数吸毒致死案件中。吸毒致死案件的数量在布朗克斯简直多得吓人，我在那儿进行的验尸案件中超过 1/3 都是药物滥用致死案件，23 具遗体中就占了 9 具。这些案件的死者都还年轻。我在布朗克斯的头两起案件，一位是 46 岁的女性，因为使用可卡因、美沙酮和非处方抗组胺药过量导致死亡；另一位是 47 岁的一家之主，开着车跟一个妓女在外面晃，结果可卡因让他心脏病发作，导致车祸发生。另外有一位 40 岁的女性，送进来时已经开始腐烂，毒理学报告中显示其体内有酒精和可卡因。杰瑞为了逃出因吸毒引起的大火而跳窗时，还不到 40 岁。

沃德太太追着我到布朗克斯，每周持续打电话给我。等我 4 月回到曼哈顿时，电话数量开始减少了，到了 5 月初，我终于没有再接到任何电话。我心想，也许她终于接受了儿子吸毒致死的事实。5 月的最后一天，我才进办公室，就接到 12 通语音留言，其中有 6 通对方什么也没说就直接挂断电话——我马上明白，这一定是沃德太太打的。在我逃出办公室之前，电话就响了。我很想把电话线扯断，但也知道这根本无济于事，所以，我接起电话。

“梅勒涅克医师，你必须把我儿子的死因改成凶杀。警方说他们不会去逮捕毒贩，就算我已经告诉他们毒贩是谁也一样！他们说因为死因不是凶杀，他们爱莫能助。你一定要告诉他们这是一起凶杀案，这是你的工作！”

“沃德太太，”我努力压制着怒火，“你儿子的案子已经结案了。他是使用海洛因、可卡因和镇静剂过量致死。这种死法我已经看过很多次，我可以向你保证，沃德死前没有受到任何折磨，他既不是遭受暴力致死，他的死亡过程也没有拖很长时间。这起案件归为意外，是因为沃德用药单纯是为了找乐子——他无意送掉性命。”我停了一下，电话另一头沉默无声。“我真的需要你理解这一点。我判定的死亡方式是意外，这点会维持不变，除非我拿到铁证，指出沃德是在违反本人意愿的情况下摄入药物，或是在无意识的情况下用药。这件案子不是凶杀案，我不能够把它列为凶杀案。我真的希望你能接受你的儿子是意外死亡的。”

沃德太太耐心等我把话讲完，然后又好像我刚才什么都没说一样，自顾自地继续说下去：“我已经准备好所有的文件了，但警方就是不肯调查。”她重复了几遍，然后开始了一连串对美国公民自由联盟（ACLU，美国的非营利性法律援助单位。——译者注）的谩骂，说因为纽约市警局没有完成完整的调查，所以他们拒绝接手她的案件，甚至连找出杀了她儿子的毒贩都不肯！

那天我原本的计划是要完结两件布朗克斯的旧案，两例都是男性，都遭到两次枪击。我还想要完成一位在家庭纠纷中被刺死的女子的死亡证明书，她手上有自卫性伤口，我可以从她胸口致命伤口的角度和位置，分析出攻击者的身高可能与死者相近。电话响起时，摊在我桌上的是一位 80 岁女性死者躺在浴缸里的现场照片，她遭殴打、强暴后被勒毙，我在验尸的时候，发现了其颈部带状肌上的手印，这就是凶手用手掐死死者的证据。这个案子被各大新闻报纸争相报道。警方拘留了一名嫌疑犯，地方检察官还在等着我交报告，我现在却在这里跟沃德太太通电话，听她抱怨警方对她的冷漠。

我已经被推到理智的边缘，我很想对着电话大喊："你的儿子就是吸毒过量！求你了！还我一个清静，让我能继续调查真正的谋杀案件！"但我还是努力克制了自己，没有对她大喊，而她又继续说了20分钟。自从万圣节那天开始，我们每周至少会有一通与以上内容一模一样的通话，至少持续半小时。现在阵亡将士纪念日（5月最后一个周一。——译者注）都过了。沃德太太跟我已经通过电话共度了无数时光，还跨越了季节交替。

后来，我要出去吃午餐的时候，两位人事部门的行政人员叫住我。显然沃德太太前一天已经给他们打过电话，问他们如何联系上我，以及我什么时候来上班，她甚至还想知道我家的电话。他们拒绝了她的要求，但是觉得应该告诉我一声，沃德太太在跟踪我。我突然不想独自出门了。我回头走到培训人员办公室，探头张望。"格雷汉姆，当我的保镖吧，"我说，"我请你吃午餐。"

沃德太太的本意并非是要折磨我。她没发现自己在浪费我的时间的同时，自己也困在痛苦的循环之中。我没有能力像医师或是心理咨询师那样帮助她。沃德不是被毒贩杀死的，也许他是瘾君子，也许他曾经需要帮助，但是没有人拿枪指着他的头，叫他把针头插进自己的血管里。用药过量致死往往比其他类型的意外致死更易招来臆测。沃德太太的反应很极端，但并不是特例。面对亲友猝死的消息时，"拒绝接受"是一种很常见的反应，但是把一连串揣测和猜疑堆积起来让"拒绝接受"的情绪更加根深蒂固，会让自己的伤痛无法愈合。我在纽约的日子里，见过无数家属深陷这样的困境，我也学会如何帮助他们度过那段日子，去说服他们，让他们了解这些揣测和猜疑其实正在伤害他们自己。但很显然，我最后没能成功说服沃德太太。

沃德太太的来电后来突然停止了。我如释重负，同时也有点意志消沉。这件事永远不会有什么突破，也永远不会有终点。我知道只要想到沃德是为了找乐子而使用那些毒品，他的母亲就会感到心痛，我不得不一直这样告诉她，这也让我觉得很不好受。她把沃德带到这个世界上来，她的宝贝却只是想要“嗨”一下，就离开了这个世界。没有一个母亲愿意接受这种事——而且据我所知，沃德太太从来不曾接受过。

PART 6

恶臭与尸骨

鸡尾酒会上好奇的陌生人总爱问我怎么面对腐烂的死尸、死亡的腐臭味，还有蛆。我的答案是：习惯就好。没有人喜欢勘验腐烂的尸体，但是这种案子有时仍是很吸引人的。工作中最能让我从容面对死亡的，就是学着处理已经开始逐渐回到土壤循环的人体，但这也让我更加难以忍受苍蝇和神经质的猫咪了。

跟着死亡现场调查员罗素·唐恩进行随行轮转时，我第一次在工作时看到了苍蝇。那一周跟着法医鉴定小组的经历，让我发现自己面对验尸台上的遗体时，竟然错过了这么多细节。

我跟唐恩抵达死者一尘不染的公寓时，大门已经敞开。因为信件10天无人领取，堆积如山，邻居打电话报了警。有人在走廊上点了熏香，为令人窒息的腐臭味增添了点异国气息。如果你遇到过老鼠爬进车子仪表板后死在那里的状况，或是曾经在家里墙壁的夹缝中发现死老鼠，就会知道这是什么状况，不过你遇到的状况跟我此时见到的相比，不足为道。死人的腐臭跟死老鼠一样，是一种令人作呕的腥甜、细菌性腐臭，但强度更烈。那味道会侵袭你——简直是一种攻击——而不只是普通的臭味而已。你会惊恐地往后退，那味道会侵入喉咙、强占味蕾，甚至刺痛双眼。

这具尸体生前是一位个子矮小的男子，他身上散发的臭味刺激性特别强。我们经过公寓隔壁的住户门口，看到里面有一位巡警正在煮咖啡。“这是最古老的方法，也是个好方法，”唐恩解释，“请所有住户都煮点咖啡，而且要让咖啡一直滚着不要关火。”

“听起来是要让他们有事做，不要来烦你。”

唐恩脸上露出无力的微笑，“你等会儿就明白了。”

我们套上塑料鞋套，戴上乳胶手套，唐恩从成堆的信件中抽出一个信封。“埃里科 · 拉法尼诺，”他一边说，一边在手里的记事板上记录，“不过要记得，这只是初步推定的身份。所有腐尸都要先登记为无名氏（原文为 John Doe 和 Jane Doe，用以分辨是男性无名氏或是女性无名氏。鉴于中文姓名里并无性别分辨的必要，故内容若无强调时，便统一译为无名氏。——译者注），直到经过科学验证后，判定出真实身份为止。指纹、牙医记录、医院的放射学记录，如果这些都无法做出判定，就验 DNA。”埃里科 · 拉法尼诺，我们的无名氏，此刻面朝下趴在厨房地板上，手里还抓着一个装着腌菜的玻璃罐，还有蜡纸一类的东西。我看了一眼，马上明白那四散到走廊上的可怕气味，相比之下竟是我最不需要在意的事，更为可怕的是，尸体上爬满了蛆。

腐肉蝇成群盘旋在尸体附近，不只是它们吃腐尸，它们的幼虫同样以腐尸为食。如果天气够暖又不太干燥，蛆虫就会在死尸上设宴开席。母蝇喜欢在潮湿温暖的地方产卵——嘴角、腹股沟、腋下，但通常首选眼睛。母蝇会在眼部产下数百颗卵，有时死者刚去世 1~2 小时，尸体还未僵硬，母蝇就已产卵完毕。虫卵看起来就像泪腺管旁撒了一堆帕玛森乳酪。用不了一天，蛆虫就会孵化出来，开始进食。大多数绿头苍蝇家族的幼虫都会在 1 周到 10 天内发育成熟，所以，我面前的尸体上已经培育出两代苍蝇了。

我曾经在验尸房处理过一具腐尸，但验尸房的环境是受到控制的，我穿着全套防护服：尼龙围裙、塑料医用工作靴、乳胶手套、袖套和全罩型防护面罩。在这里，我只有手套和靴子——连口罩都没有，我觉得自己简直是全身赤裸。在验尸房，我可以用水管把蛆从尸体上冲掉，眼不见为净，但是在这间公寓里没办法这么做。

蛆特别喜欢内脏，它们会往体内钻。有些蛆会从皮肤表层啃出一条通道来，有些则直接由身体上的孔洞进入，或是钻进真皮层的裂缝。它们喜欢吃柔软的脏器。拉法尼诺先生的脸已经全部被蛆吃掉，只剩下一点结缔组织，露出头骨。我能想象蛆虫在耳朵和鼻孔里爬进爬出，啃噬脑部。拉法尼诺先生丝绸般的白发已经完全脱落，落在他的右耳边，好像松脱的假发。蛆虫不喜欢毛发和骨骼，它们会沿着头皮一路往下吃进去，每个毛囊被吃得只剩一个洞，在它们侵略般的攻势下，头骨就露了出来。

我憋住气靠近，想看清楚点，但是我刚踏出一步，就听见清脆的碎裂声，当下我心里警铃大作，马上后退一步——我踩到苍蝇的蛹壳了！每个壳的形状和大小就跟一粒米差不多，尸体四周到处都是。野外的蛆在变成蛹之前会先挖土把自己埋进地底，但在这里，因为厨房地面坚硬，它们只能在地面上化蛹，结果四处遍布蝇蛹。踩碎了一堆蝇蛹后，我靠近尸体准备开始检验，然后马上又缩了回来——死者的衣服会动。一大群蛆虫在衣服底下蠕动，让尸体看起来好像在颤抖。我又感觉到一阵剧烈的反胃。

蛆虫通常不会对四肢下狠手，因为手臂和腿没有那么多软组织，于是我把注意力放到死者手脚上，希望这些部位不那么吓人。尸体的皮肤已经脱水，呈深棕色皮革状。从抓着腌菜的玻璃罐的手上，我能看到手指骨头的线条和关节。一枚镶着祖母绿的金戒指松松地套在他的中指上。这只戴着珠宝的木乃伊手紧抓着玻璃罐，罐子里还有食材漂浮着，这个画面比蠕动的蛆虫还让人难以接受，我突然产生了更强烈的恶心感。我别过头，深吸了几口气，努力抑制呕吐的冲动。

“要不你去检查他的个人物品吧，”唐恩同情地提出建议，他已经培训过许多年轻法医，一眼就看穿了我，“找到东西就跟我说一声。”

“好。”我勉强挤出一个字。之后我才发现根本毫无头绪，“我具体要找什么东西呢？”

“任何可能会影响死亡调查的东西。第一件事就是去找找看有没有自杀遗书。翻翻垃圾桶，看看有没有未缴的账单或私人信件，这或许可以帮我们搞清他死前的心理状态。检查冰箱，如果是空的，他可能经济拮据；如果存满了酒，那他就是酒鬼。看看药柜里面有没有空的药瓶，如果有，判断这些药有没有可能是自杀时使用的药物。垃圾、冰箱、药柜。”唐恩举起戴着手套的手指数了数这 3 个重点，“你等于帮我省了事。我想把他装进尸袋，然后离开这里。”

我从客厅的垃圾桶开始检查，因为这里离打开的窗户最近。从意大利寄来的信成堆地摞在书桌上。我对于死者藏书之丰富暗自赞叹了一番，藏书大多是意大利文，其中也有英文和法文，整齐地排在窄小的书架上。另外一个架子上放满了歌剧 CD，按照作曲家仔细地进行了排列。拉法尼诺先生在这间位于铁路旁、略嫌寒酸但一丝不苟的公寓中投入不少心血，配置了质量极佳的木制家具。我走向敞开的窗户，外面的阳台上有好几盆结了果的西红柿盆栽。植物的香气马上冲淡了腐尸的恶臭，我真希望自己可以一直站在这里，躲着我的同事，直到离开为止。有几株盆栽上垂挂着鲜红饱满的果实。能够在阳台上种出这么漂亮的西红柿的男子，他的死真是纽约市的损失。

药柜里有一瓶装满的泰诺感冒药、一把传统式双刃型安全刮胡刀、一把牙刷，没有处方用药。厨房放了一个胡桃木的架子，架子上摆了几瓶还没开封的红酒，橱柜里有半瓶格拉巴酒，没有任何滥用的迹象。冰箱里不是空的，这点倒是十分明显——保鲜盒里装满了蔬菜，已经略显枯萎，但还没腐烂。腌肉和大罐的自制意大利面酱摆放在架子上。我站在离腐尸一步之遥的地方，闭上眼睛，想象自己正站在拉法尼诺煮饭时的小厨房里，也许是周日大餐——浇汁的羊肉与小牛肉，或是意大利蔬菜通心粉汤，放上许多自己种植的罗勒。可是毫无用处，这地方仍然被死亡的气味笼罩。

唐恩从背包里抽出 4 条浴巾，把尸体的四肢分别包裹起来。我问他为什么要这么做。他答道：“有时候皮肤一拉就会脱落，你根本无法预测。抓着浴巾比直接抓着严重腐烂的手好多了。”唐恩和我们的司机一起抓起尸体的手脚，把它装进尸袋。一堆蛆从躯干里掉下来，落入尸水里，疯狂扭动，那一摊颜色、质地都像润滑油的液体就这样留在地面上。

我知道我一定会在法医鉴定小组的报告上看到“邻居举报闻到恶臭”这几个字。“孤独的恶臭。”赫希这么形容那气味。当我跟着尸袋和急救床一起走出公寓大门时，整个走廊上弥漫着浓郁的咖啡香。“你是对的。”当我这样对唐恩说时，唐恩正搬着尸体下楼梯，脸上又露出那个无力的微笑。

因为我这周要跟着法医鉴定小组工作，所以，当我们把拉法尼诺的遗体送回办公室后，并不是由我进行验尸。我的第一起腐尸案件是一具浮尸，破烂不堪，只剩下一把骨头。这件案子让我得以和我们内部的人类学家艾美·日尔森合作。

如果在曼哈顿的空地拿把铲子用力一掘，一般都会挖到点什么骨头。这时建筑工程就会中止，警方会把骨头送到人类学家日尔森的手中，日尔森就会告诉警方这是什么，99% 的概率会是动物骨头。纽约人在过去的 300 年里吃掉很多猪、羊、牛。不过有时候也会挖到人类遗骨，警方便会封锁现场，紧接着我们的法医鉴定小组会来到现场，工地领班则会回家吃两片阿司匹林压压头痛，等到警方心满意足地宣布该地已经没有其他线索为止。通常警方都会再发现其他骨头，而日尔森则能够依据骨头推断出关于这位过世已久的市民的有趣信息。

2001 年 7 月 19 日的半夜，一具骨骸被冲上布鲁克林大桥下的岩滩。警察抵达现场后，打电话给日尔森。“我看不出这是一具人骨还是一头小牛的骨头。”警察说。

“你什么时候在曼哈顿看过放养牛的？”日尔森回答，“如果上面没有羽毛或毛皮，就送过来吧。我明天早上再检查。”警察听了，不太高兴。

第二天早上，日尔森看了一眼“小牛骨”，就给它编上案件号。这具骨骸少了头部以及手脚的下半段，但是毋庸置疑，一定是人骨，不过骸骨的模样跟万圣节上见到的那种惨白的骨头不同。骨头经历了皂化，这是一种在寒冷潮湿、缺乏氧气的环境下会发生的生物化学变化。脂肪组织变成一种灰褐色或浅黄色的肥皂状物质，称为“尸蜡”。

这具浮尸与我后来验的其他腐尸不同。典型的腐尸会因为腐烂而崩解，会发紫肿胀，气味非常可怕——远比新鲜的尸体臭得多。人死后，细菌会把人体内构成细胞的蛋白质吃掉。腹部会开始发绿，因为肠道里的“菌”会开始侵蚀四周的组织。皮肤开始出现青紫相间的大理石纹，这是因为顺血管播散的微生物把红细胞撕裂，释放出内含物质所导致。腐败的水疱会开始浮现在皮肤表面。“这些水疱分成两种，跟酒一样：红与白。”赫希医师有一天下午在课堂上警告我们，“不论你要做什么，千万不要把水疱弄破。这些水疱是尸臭的成因之一。”如果皮肤完好无缺——没有被蛆虫、老鼠或家猫吃掉——尸体就会成为一个充满细菌的气球。当尸体被送到我的验尸台上，我用手术刀一刀划破尸体腹部，那可怕的气味就会猛地迸发出来。我得后退，等上几秒，气味才会被验尸房强而有力的通风系统抽走、过滤并排出。

噢，对了，家猫那段是真的——如果你死了，你那条忠心耿耿的金毛寻回犬可能会坐在你的尸体旁，饿着肚子守上好几天，但是那只宠物虎斑猫可不会，它会立刻毫无愧疚地把你吃掉，从眼球和嘴唇开始。我亲眼见过那惨状。

这次躺在我的验尸台上的腐尸，只带着点淡淡的盐沼地腐烂的味道。尸体的皮肤已经不见了，可以直接看到开放的腹腔内部。腹腔组织色泽惨白，质地如蜡，触感平滑。大多数暴露在外的肋骨都已断裂，日尔森指着呈锯齿状的断骨处，表示断裂的状态是死后造成的。我尽可能地记录一切，送交样品进行毒理学分析，祈祷法医生物学实验室能从我取下的那点蜡黄肌肉和碎裂的骨头中找到一点可用的 DNA。日尔森把尸体的右股骨从髋关节上取下，然后把部分耻骨、一根锁骨和两根肋骨锯下。在我看来这些选择很古怪，于是我问她为什么挑选这些部位的骨头。“锁骨骨骺还没融合。骨性骨骺在 18~30 岁长出，取代软骨组织，所以，还没融合的锁骨能让我们为这位性别不明的无名氏估计一个大概的年龄。”

“是男的，他有阴茎。”我指着紧贴在耻骨前方的证据说道。

“很好，那我们知道性别了。我可以用股骨计算出身高，根据肋骨和耻骨的成长状况缩小年龄范围。使用的技巧越多，估算的数值就越精准。”

日尔森跟我年纪相当，身高也和我一样，有着一双棕色眼睛，一头丰厚、卷曲的黑发随性地绑成马尾。她还有结实的身材，这身材在这行很有优势。她已经把股骨放在一张巨大的试鞋尺寸表似的比例尺上测量完毕，正在把数据速记下来。不过几分钟，日尔森已经可以判定眼前这堆灰色骸骨属于一位二十出头的男性，身高 1.58 米，实际身高、年龄范围要考虑到加减 7.6 厘米和 2 岁的误差值。

下午的轮巡讨论时，我把这个神秘浮尸案汇报给赫希医师。“首先，”他说，“我不认为他是跳河自杀的。根据目前看到的腐烂程度，他应该是在几个月前就落入冰冷的河水中，当时可能是冬天。然后他就沉入盐沼底部。为什么他没有跟其他浮尸一样，落水几周后就浮出水面被冲上岸？”

“一定有东西把他挂住了。”我答道。

“是把他拖住。我猜他的手腕和脚踝应该被绑在一起，所以，我们现在见到的这部分尸体是在肌肉分解、关节松脱后才浮上来的。”

“但是他的头呢？”

“可能被袋子套住了，而且还跟手腕和脚踝绑在一起，沉在河底。”赫希医师平静地做出推断，“不过这不是黑帮做的，他们会把他带到 16 公里外的河流上游。我认为这起案件与毒品有关。”

日尔森的办公室就在放射学专区对面，那一片地方在首席法医办公室大楼中令人退避三舍，那里停着一辆辆带轮平车，头尾相连，全都载着腐尸，排队等着做 X 线检查，这让整条走道散发着一股恶臭。“噢，我现在都闻不到了，”我抱怨那味道时，日尔森用毫不在乎的口气说，“应该是我已经有抵抗力了吧。”

法医人类学实验室小而整洁，最多就是 2~3 米长的空间，塞满了被仔细贴着标签的纸箱，纸箱里装满骨头。一台煤气炉和一口大锅被高高地放在三脚架上头，那大锅看起来像是军用的，要用它煮出 40 人份的汤也绝对没有问题。另外有两口常规的汤锅正在小火上滚着，烟不断从热锅中缓缓冒出。

日尔森用手示意我过去看看。在最小的一口锅里滚着的，正是我们的布鲁克林大桥浮尸的耻骨。我可以看到那些死灰色的组织正在剥落。另一口大一点的锅里则是某人的前臂和有着严重瘢痕的下颌。“啊！”我惊叫道，“是佩雷兹？”日尔森点点头。那一周的前几天，我刚完成了迪亚哥·佩雷兹的验尸，并且请日尔森协助判断死者身上部分已愈合的骨折伤势是怎么造成的。

日尔森从抽屉里拿出一个带铰链的盒子，小心翼翼地打开。盒子里是一组细长的塑料铸模，安放在海绵橡胶之中。她告诉我，这些铸模是用第四根肋骨的胸骨端制成的，分别来自男女两性和不同年龄的肋骨。她拿起无名尸右侧第四根肋骨，把它的胸骨端与每一个塑料铸模比对，直到配对成功为止。“你可以看到肋骨是如何随着年龄增长，慢慢长出更深的沟纹。看到那扇形的边缘了吗？以后它又会变平滑的。”死者的肋骨有一片明显的扇形结构，跟 20~30 岁男性的肋骨铸模完全相符。

“太酷了！”

“我还有一组耻骨模型，比这更精准，但要等到你的死者骨头上的组织被煮到掉光后才能拿来比对。在估算年龄的时候，模板越多，比对得越好。如果多研究几组解剖结构，估算正确的概率就会更高。”

我在日尔森的实验室里东瞧西逛，查看那一箱箱骨头。“来，”她说，手上拿着一个装了一对颈椎骨的证物袋，“斧头砍杀案。有个男人因为从自己家族的公司偷钱，被他的叔叔砍死。”

“噢，我听卢卡斯提起过这个案子。”我仔细观察颈椎骨上暴力导致的边缘锐利的破口，“他说致命的一击斩断了椎动脉。”

“没错。但是你可以看得出来，斧头没有砍到脊椎中枢。”她给我看椎骨的细节，在验尸时是没办法看得这么清楚的。如果这把斧头被找到并被归入证据之中，日尔森就可以进行工具痕迹分析，证明斧头与骨头伤势吻合，或是把斧头排除在凶器之外。

我拿起一个头骨。日尔森告诉我，那个头骨属于一位女性露宿者，腐烂的尸体在高架铁路桥下被人发现。“她的牙齿显示了她人生的起伏变化。由臼齿可看出她曾接受过昂贵的牙科治疗，当时她可能还负担得起昂贵的医疗费用，或者她还有工作福利可以支付这些费用。”然而她上方的尖牙和下门牙却有严重的蛀牙，严重程度让我觉得她一定一直在忍受慢性蛀牙的疼痛。她人生的最后几年可能是在困顿潦倒中挨过的。日尔森从我手上接过头骨，仔细看了看，又还给我。“每一块骨头都诉说了不同的故事，”她说，“我真爱我的工作。”

周末时，又有一具浮尸送来，这次头部还在。这起案件被分配给我的同事凯伦·图里医师。失踪人口组的警察传真了一份报告给我们，是一位 1 个月前失踪的男子的资料，疑似从 59 街大桥跳河自尽。传真数据里形容男子身高 1.58 米、年纪 22 岁，凯伦的死者比这位失踪者高了 15 厘米——不过完全符合我的无头浮尸案的死者特征。

我给失踪男子的家属打了电话。他们告诉我，男子在失踪前一个月曾因为一场意外住过院。医院把 X 线片送来后，我直接把片子送到日尔森手上。她跟我一起走过臭气熏天的走廊，来到放射学办公室，把 X 线片与无名尸的片子并排放到灯箱上。日尔森仔细一瞧，马上低声叫道：“你看那棘突！第七颈椎和第一胸椎都完全相符！”两张 X 线片都显示出一对长得一模一样的亮白色五角形，这就是棘突，也就是脊椎之间的结。每个人的棘突都有一点不同，所以，两块毗邻的脊椎骨能找到完美配对，在法医学上就是决定性的证据了。这证明了失踪的那个人跟无名氏拥有同一条脊柱。“你找到他的身份了，宝贝！”日尔森笑道，我转身跟她击掌。

DNA 检测结果不久后也送回来了，与我们的结论相符。我马上签下暂定版死亡证明书，并把遗体交还给家属安葬。殡葬工作人员告诉我，布兰克一家对这个悲伤的消息仍然非常感激，他们的儿子饱受抑郁之苦，并且有自杀倾向。警方告诉他们，有许多目击证人报告，看到一名与他们的儿子外形相符的男子从 59 街大桥纵身一跳，落入东河中，日期跟他们的儿子失踪的日子是同一天。那已经是 5 周前的事了。他们知道真相后松了一口气，终于可以好好悼念他了。

这起案件最后仍是悬案。赫希医师提出的吸毒弃尸的推测错了，但我看得出来，他的推测完全符合科学逻辑，且是集合了过往经验所做出的判断。我们会在冬天的沼泽或寒冷的盐水河底发现跟这起案件情况相似的腐尸。这些尸体不会在泡入水中一个月后，出现在 7 月中旬的东河。一般来说，夏天的落水者隔 1~2 天，尸体就会因为腐烂和细菌胀气而浮上水面。那这具尸体为什么会一直沉在底下呢？皂化现象又为什么会发展得这么快呢？

这些没有答案的问题，让我再次深思赫希语录的智慧：“不要把验尸跟死亡调查搞混了，前者只是后者的一部分。”赫希医师推测这个男子被捆绑后弃尸于河里，是根据我进行验尸这天发现的唯一线索判定的，也就是尸体的腐烂程度。如果没有日尔森的骨骼解析，没有那两张 X 线片，少了警方的失踪人口报告，我们就不可能发现事实真相。我们可能会认为史蒂芬 · 布兰克是一起未被查明的凶杀案的被害人，布兰克一家也永远不会知道他的命运。

就连人类学家日尔森也不见得能够凭空变出尸体的身份证明。这个城市的公墓就埋了将近 100 万具无名尸体。不过，每隔一段日子，就连已经被遗忘的死者也会回来重新取回自己的名字。1986 年 10 月，纽约市有一名男子酗酒过量死亡，他被埋在哈特岛上，那是一座只有编号的无名冢。过了 15 年半后，杰米 · 卢比奥重新取回了自己的真实姓名。

卢比奥是个酒鬼，平时露宿街头。他被人发现躺在人行道上吐血，被送到曼哈顿医院后，还没来得及恢复意识、表明身份就去世了，没有人知道他是谁。当时没有人替他验尸，这名死者被以公费埋葬，身份记录为无名氏，大众就这么遗忘了他。他的两个妹妹罗莎和艾尔玛在 1986 年提出了失踪人口报告，结果一点线索也没有，但是他们没有放弃，一直缠着警方调查。最后，在 2001 年，失踪人口小队成功地从杰米 · 卢比奥早期遭逮捕的记录中找到两组指纹，于是，在我们的无名氏死后调查档案中，这位死者终于又取回了自己的姓名。

卢比奥先生的妹妹们得知卢比奥的尸体没有经过解剖，她们便提出补验要求，这个案子因此来到我的手中。重新挖出的尸体和一堆泥土一起装在尸袋里，被送到验尸房来。我最多只能把混着砂土的棕色糊状物体从死者腹部原本的位置舀出，并从头骨里挖出一些发绿的糊状组织。如果毒理学实验室能从放在棺材里 15 年的东西验出任何结果，那就厉害了。我也与日尔森一起评估了骨骼状态，寻找可能的裂痕或其他创伤迹象。我们比对了 X 线片，这是所有腐尸都要进行的程序，但结果什么都没发现。完成这起死后多年才进行的验尸之后，我打电话给卢比奥的妹妹们，试着向她们解释，因为遗体几乎只剩骨架，我没有太多方法可以检验她们哥哥的死亡原因。罗莎闻讯大声哭了起来，仿佛杰米是昨天才刚去世一样。最后艾尔玛终于成功安抚了她，两位妹妹还不停地向我道谢。

几周后的一天，我正忙着写一起特别复杂的自杀案的验尸报告——一名年轻男子引火自焚的同时，还在自己的肚子上插了一把刀，他在几周内经历了数起手术，最终还是死亡了——这时电话响了，是首席法医办公室前台人员打来的。卢比奥的两个妹妹出人意料地直接来到大厅，并且坚持除非能见到哥哥一面，否则她们不会离开。

我下楼去跟罗莎和艾尔玛谈话。两个妹妹都是一脸哭过的模样。她们告诉我，卢比奥的尸骨要直接被送去下葬，但是，希望能够在遗骸送往墓园之前再见他一面。显然，她们没钱请殡仪馆举办一场开棺告别仪式。我心里很同情，但同时也很担心。我们的工作地点本来就不开放参观，虽然电视上会这么演，但我们其实不会把家属带来这里认尸。如果需要让家属指认遗体身份，我们会把家属带到安静、严肃的大厅旁的一间小办公室里，把拍立得照片拿给家属看。要带着这两个可怜的女人穿越验尸房，让她们亲眼看到自己哥哥沾满泥土的遗骨，这简直恐怖到近乎残忍。

我走到前台，打了一通电话给验尸房的技术主任，问他能不能试着把遗骸摆放好，供家属瞻仰。当我向他解释原因的时候，他说：“我问问贾姬吧。”贾姬是一个临危不乱的年轻女孩，浑身透着冷静与理智，她是我最喜欢的技术人员之一，她还能说一口流利的西班牙语。如果说有谁能够在法医的验尸房里临时变出像丧礼那样的观礼环境，那这个人非贾姬莫属。

她做得棒极了。那时已经临近下班时间，所以，等我带着卢比奥的两个啜泣的妹妹走到后方一间小房间里的时候，大多数可怕的验尸案件都已经结束并清空了。贾姬把骨骸摆放在急救床上，用蓝色床单折出一个枕头，放在头骨下方。她还在骨骸其他部位盖上蓝色床单，让两个妹妹既可以看得出人体线条，又不会一眼就看见尸骨。贾姬甚至把急救床装饰得有点像棺木内部的模样。卢比奥的遗体看起来相当平静。

他的两个妹妹站在小房间里，一边啜泣，一边走到各个角度检视骨骸。“看起来就是他的样子，”罗莎用西班牙语说道，“他的眼睛看起来总是有点斗鸡眼。”她停了一下，然后用英文大声哭喊了起来：“哥哥，我爱你！我们没有机会见上最后一面，实在是太不公平了！”艾尔玛从头到尾都用毛衣掩住口鼻，其实干燥的尸骨是没有味道的。她一度转向贾姬，用西班牙语问她：“你是怎么忍受这份工作的？”

“习惯就好。”贾姬答道。

我们又在那里站了几分钟，两个妹妹终于停止哭泣。骨骸还是一直用空洞的眼窝看着她们，其中一只眼有点斗鸡眼的样子。之后我护送她们回到大厅。到大厅后，艾尔玛才终于把毛衣从口鼻上移开，用刚刚问过贾姬的问题又问了我一次——我是怎么忍受这种工作的？“一切都是为了这些骨头，”我诚实地告诉她，“为了生者，像你跟我这样的人。我做这份工作是为了你们。”两人分别给了我一个拥抱，表达过谢意后，手挽着手走出了大门。

并非所有身份不明的遗体来到我们这里以后都会划入法医的管辖范围，其中有些案件甚至无法分类。有一次一名男子打电话报警，他在中央公园的一块岩石上踢到一个人类头骨，这个头骨被羽毛包裹，挂着珍珠项链，上面貌似还有血迹。日尔森上交报告后，警方认为这一定是巫毒仪式或是恶作剧。头骨是真的没错，羽毛却是假的，“血迹”则只是颜料罢了。

2002 年 5 月初，一位警察背着一个塑料桶来到我们办公室。这个桶无故出现在一栋公寓大楼的走廊上，警惕的住户报了警。“巡警看了一眼就打电话给我了，”警察说道，“我只瞥了一眼，差点吐出来。现在我得知道这里面是不是有个死掉的胚胎，因为看起来就像是那么一回事。”

这个神秘桶案件派给了海斯医师。他把手伸进带着红色斑点的桶里，捞出了一个冷冰冰、硬邦邦的东西，是一座陶瓷人形亲吻天使。这已经够奇怪了，他还找到好几打黑樱桃。最后，海斯医师从桶里拉出了一对长达 60 厘米的长条状有机体。海斯医师判定这不是被去皮的蛇，就是驴子的阴茎——但他不确定是哪一个。海斯医师把找到的物体洗干净，送到放射学办公室。X 线片提示这两个条状物绝非胚胎，它们不含骨头。那就可能是阴茎了。为保险起见，海斯医师还把条状物切成两段观察，从切面可以看到里面有着海绵质地的组织。没错，这是阴茎，来自非人类的动物。

海斯医师本来就是个机智又不恭的人，所以，听他用文质彬彬的英国腔报告神秘的驴阴茎案成了所有人那周的亮点。有人说虽然那阴茎有 60 厘米长，且跟可乐罐一样粗，但并不代表就不是人类阴茎。

是的，这对器官确实与已知人类阴茎的尺寸差太多了，但是他仍有责任要做到科学、严谨吧？为什么他没有采集样本，进行显微镜下分析，以确保没有误判呢？这案子搞不好可以写成一篇论文发表到期刊上呢！

海斯医师告诉我们，在佛罗里达，也就是他实习的地方，大家对这类东西早就见怪不怪了。这可能是古巴萨泰里阿教派视为爱情魔药的东西。但是在首席法医办公室，这对阴茎到底用途为何，其实并不重要。海斯医师只要确定这些条状组织绝对不属于人体，他的工作就完成了。他把两条阴茎扔了，还有樱桃、亲吻天使像和那个桶子也丢了。我听说的时候有点可惜，他至少可以把亲吻天使像留下来当镇纸啊。

PART 7

死于他人之手

多明戈·苏洛的遗体在 2001 年 8 月 6 日被送到验尸房来，佛洛蒙本医师认为是时候让我接手第一起凶杀调查案件了。培训人员要先行处理过比较简单的凶杀案之后，才能开始接触多重枪伤案件，或是难以处理的多处刀伤案件。“我宁愿帮 7 名都是一枪致命的死者验尸，也不想接手一个死者身上有 7 处枪伤的案子。”赫希如是说。佛洛蒙本那天早上翻了翻调查员的报告后,就把苏洛的案子派给了我。这案子看起来不难，应该有两处，也许三处刀伤。

苏洛已婚，有了外遇，这件事被他太太的哥哥发现，于是苏洛就遇上了刺杀事件。苏洛 26 岁，身材矮小纤细，长得并不是特别俊美，身上寥寥几处刺青，没有帮派象征或是坐过牢的迹象。验尸最难的一件事，就是要记录所有小伤。他的身体告诉我，这个人日子过得很辛苦，也许常常要自卫。我花了很长时间记录、描述每一个指节的擦伤、瘀青和刮伤，不论伤口多小，都不容遗漏。

苏洛被送到急诊室后就直接进了手术室，分辨手术伤口和刀刃刺穿伤的差异，竟比我想象中的还要复杂。验尸结果显示，苏洛右胸遭到一记深刺后，伤到锁骨下动脉，流了许多血。医疗小组在这处致命刀伤的位置摆了一根引流管。我一开始不明白他们为何要这么做，这处伤口已经受到污染，从伤口里伸出一条管道只会让它变成败血症的快速通道。除此之外，当我试着要检查凶器造成的血淋淋的伤口时，他们留在伤口里的那个塑料零件也让我更加难以辨识刀刃到底深入何处。我因此对这场手术的消毒漏洞更加恼怒——患者被暴露在高度感染风险中，还让法医焦头烂额。

不过苏洛倒不是死于感染，他是流血过多致死的。以我在外科的工作经验判断，医疗小组可能在患者被送进手术室后就立即进入了损伤控制模式，在伤口中置入引流管可能是第一时间能采取的手段。外科医师缝合动脉伤口，止住了出血点，但是为时已晚。苏洛的重要脏器色泽苍白，不像新鲜组织。在标准验尸过程中，内脏应该是亮红色且带着光泽，当我下刀时，血应该会流到我的验尸台上，然而，苏洛的器官都已经是干巴巴的了。

照片显示他在现场血流成河。打斗是从他家的公寓大楼顶楼开始的，顶楼看起来到处都是空啤酒罐和烈酒的空瓶。苏洛和大舅子显然就在那里一路扭打到公寓里，然后苏洛就在那里遭刺，最后倒在大楼的大厅里，留下一大片血迹。我跟负责此案的地方助理检察官碰面时，她告诉我大舅子指称是苏洛自己拔刀，结果“意外跌倒”在刀子上。地方助理检察官打算请我出庭做证，说明我在验尸时发现的伤口是否符合长期打斗所致。她相信我记录到的多重刀伤和自卫伤口一定可以推翻“意外”的说辞。不过检察官最后没有发传票给我，所以，我没有出庭做证。

托马斯听到我的第一起凶杀案竟是如此结束的，看起来十分失望。“那个大舅子后来怎么样了？”

“你问住我了。大概认罪了吧。他一开始是拒绝的，地方助理检察官觉得此举非常愚蠢。我猜他最后应该是接受认罪以求轻判。”

“我不相信你居然毫不好奇这案子的结果！”

“我很忙，”我指出，“地方助理检察官也一样。我们每个人手上都有好多起未结的案件要操心，才没空八卦已经了结的案子呢。”

谋杀案大概是每个人都会感兴趣的案子。这些谋杀案其实只占我接手的所有案件数量的10%，但它们占用的工作时间远超这个比例。杀人案件的验尸需要进行非常多的细节性工作，我如果打算在死亡方式那一栏勾选“凶杀”，一定要非常确定这真的是凶杀案才行。

我的职业在超过10年的时间里，一直是电视剧的热门主题。每次看着电视上如何虚构我的工作，我就会乐不可支。电视剧里，女法医眼神迷离，穿着细跟高跟鞋，露着乳沟，出现在血淋淋、气氛诡谲的凶杀现场。她能立刻坚定地做出判断，还能风趣地跟同事调笑。每次电视一播出这类剧集，我总是笑得不行。在真实世界里，我受训的一个月中曾有一周的时间跟着犯罪现场小组的警察一起前往纽约的凶杀现场，那时我会穿舒适的鞋子和一件法医的外套。

出租车把我放在位于皇后区工业园区的犯罪现场小组总部。下车后，我走进大楼，见到怀斯警官和伊耿警官就坐在一张钢制办公桌旁，用印着希腊图案的纸杯喝着咖啡。查理·伊耿接近50岁，是个体格苗条、神情严肃的黑人，说话带着特立尼达的口音。保罗·怀斯是个金发帅哥，穿着合身的西装和一双擦得锃亮的皮鞋，笑起来露出一口洁白的牙齿，自信满满的样子。我到的时候刚好是他们的晚餐时间，我已经吃过了，所以，只是礼貌性地吃了几个洋葱圈，想让伊耿多吐露点关于处理死亡案件现场的细节。他对自己的工作已经很熟悉了，也不吝分享。在他深入地说更多之前，他的电话响了。平地大道比尔德希游乐场附近，一名青少年头部遭枪击。

现场到处都是警察，警车顶灯闪个不停，四周拉起了黄色警戒线，把民众隔离开来，人行道上有一摊血迹，可是没有尸体。中枪的男孩在是救护车上断气的，不是死在街上。他中枪的现场地面上可见许多点四五口径的弹壳，最后这些弹壳都会被搜集起来。管区警察给散落在人行道和马路上的弹壳都盖上了纸杯，但还有一些弹壳滚到车底下和垃圾桶后面。一只带有银色底座的钻石耳环跟一顶洋基队的棒球帽一起浸在地上的积血中。我们又找到一颗子弹。

怀斯是这起案件的调查负责人，他开始把犯罪现场画下来。他先描绘了人行道、百吉饼店和紧邻一旁的洗衣店，然后又快速地画出一个方盒表示垃圾桶，接着把每一个证据的位置都精准地标示在图上，从编号 D1 到 D12，用测绘尺量出各段距离，再对墙面和边道做三角测量。他一边记录每辆车的车牌和车辆识别代码，一边低声咒骂这个复杂的枪击现场。

完成现场草图后，警察拿出照相机把现场拍下来。他在人行道上拍了许多张照片，街道两边也拍了，还有那面染了血的阴暗墙面。我们必须从各个角度拍摄每个证物，并且清楚地拍出物体的细节。我说我可以帮忙，怀斯便教我如何给每个弹壳编号后再用贴纸粘贴在一旁，并且确保贴纸不会被吹走。每当他拍完一个弹壳，我就会把弹壳捡起（要戴着手套），然后把它放进一个贴着标签的拉链袋里。得有人去把滚到车底下的弹壳捡回来，这也变成我的工作，而其他男警察，包括犯罪现场小组和凶杀组的警察，都聚在一旁盯着我看。“你们应该经常带她一起过来。”当我钻到一辆低底盘的本田汽车底下时，听到有人在一旁这么说。

等我们把证据都收集完毕后，伊耿、我和怀斯一起坐在拥挤的小货车上，等怀斯把每样证物都贴上卷标并登记好。“刚开始做这份工作的时候，我会把东西全都带回办公室，在办公室里记录，”怀斯对我解释道，“但是每一次等我走进办公室，把证物铺开来，拿起笔，电话就响了。我从来没办法在新案件进来之前完成手上的案子。现在我都在现场完成标签记录。我还在这个案子的现场，他们就不能派我去接手另外一件案子了。”他用手上的笔点了点太阳穴，“我聪明吧。”

伊耿翻了个白眼。“已经很晚了，”他说，“快点写好不好。”

等我们回到办公室的时候，已经过了午夜。伊耿哈欠连连。怀斯的西装皱巴巴的，领带也歪了，另一位犯罪现场小组的警察毫不留情地取笑他。

“警官，衬衫要扎好啊！”

“我从没看见他整个人皱成这样过。”

“身边跟了个美女，他一定很狼狈！”

怀斯全当耳边风。他说他可以开犯罪现场小组的小货车载我回布朗克斯，这样我就可以省一趟出租车费。

车子开上狄根少校高速公路，我打着瞌睡，突然小货车停了下来。在我们前方，一辆载着两名男子的改装福特野马看来是失控撞向了护栏，两人目测没有受伤迹象，但是当怀斯亮起车顶上的警示灯和探照灯的时候，他们俩看起来都是一副完全搞不清楚状况的模样。“我们待命就好。”他告诉我，平时的轻佻消失得无影无踪。“想在工作时送命，最好的方法就是在高速公路上下车。”他一把拽下仪表板上的麦克风，启动开关。“请站在车旁边，拖车已经在路上了。”怀斯的声音从扩音器里传出，两名男子眨了眨眼，其中一人稍微挥挥手以示感谢。“有什么话想说吗？”怀斯问道，把麦克风递给我。

“你们该庆幸我是在这里，而不是在验尸台上看到你们这两个笨蛋。”我大声地用一种呆板的语气对着没有打开开关的麦克风说道。怀斯大笑。他打电话到勤务中心报告这起事件，然后我们继续亮着警示灯，又坐在那里等了半小时，也许更久，直到巡逻车和拖车抵达为止。10分钟之后我就回到家了，很高兴自己平安归来。

这一周跟着犯罪现场小组工作的经验，印证了赫希医师的观点：我是一个庞大团队的一员，这个队伍里有各式各样的人才，各个领域和不同专长皆有。是的，死亡证明书上签的是我的名字，但是整个调查过程从来都不是我自己一个人完成的。比方说那起令人难忘的“国王的新衣”案件，我就是和警方以及地方检察官通力协作，提交了关键性的伤口分析证据，帮忙把凶手送进大牢里。

午夜1点，派蒂·布朗和男朋友在家中为了出轨的事情吵得不可开交。布朗的男朋友拿出瑞士小刀，猛刺了布朗三刀，伤及她的颈静脉。布朗跑到走廊上，全身衣衫不整，颈部血流不止。她男友一丝不挂地跟了出来。

一位邻居猛地打开了门，看见一个女子血淋淋地倒在地上挣扎着，还有一个裸男全身是血地站在她身旁。邻居见状，立刻反锁大门，拿起电话报警。裸男开始猛敲这个邻居家的大门。显然布朗家的大门在他们出门后就自动反锁了，他在走廊上大声呼叫着，要邻居借他一件衣服。布朗这时还躺在地上慢慢流血，直至死亡。她的男友又去敲另一家的大门，但是没人肯借他衣服穿，于是他跑下楼出了公寓大门。就在那儿，街对面的甜甜圈店前，正好就停了一辆纽约市警察局的巡逻车。

“国王的新衣”——后来地方检察院为凶手取的名字——告诉警察：“我拿刀捅她。”其中一名警察扣留“国王的新衣”，另一名则冲进公寓，发现被害人倒在自己的血泊中。布朗撑着最后一口气，向警察说出男友的名字，然后就失去意识了。她最后死于急诊室。

为布朗验尸花了我很长的时间。颈部解剖极度困难，但最后还是清楚地看到了那三刀的位置，伤口深达布朗的颈静脉。验尸房的摄影师来到现场，拍下了完美的照片。我同时还得首度启用纽约州性侵害证据搜集工具，通常（且不准确地）被称为强暴检验工具，这就花了我半小时，比完成佛洛蒙本教我的基本程序所需的时间多了一倍。如果死亡的情况中包含性行为，如果有家庭暴力的迹象，如果死者被发现时是全裸或半裸，法医就必须进行强暴检验，但这并不代表一定有强暴行为发生。强暴检验包含使用一套专用工具搜集微量证据、DNA，以及性行为的证据，不论性行为是否为双方自愿都一样。再加上通过验尸记录的瘀青或伤口，以及性行为证据，可能会指向性行为是非自愿发生的——不过我的职责只是搜集证据，警方或地方检察官会决定他们是否要提起诉讼。

强暴检验工具中有一个塑料袋和 4 根棉棒，还有一堆事先贴好标签的小信封。第一根棉棒上面的标签写的是阴道上部样本，第二根棉棒写的是肛门部位样本，第三根写的是口腔样本，第四根则写的是分泌物。我不知道要怎么处理第四根棉棒，苏珊医师正好在我隔壁桌处理自杀案件，我决定问问她。“噢，那是让你采集尸体全身上下任何地方发现的可疑黏液用的。”她说。工具组里面还有一把指甲剪，以及分别用来装左右手指甲的信封袋，可以从受害人的指甲底下取出嫌犯的 DNA 进行检验。我完成这些步骤后，把证物袋封好，便接着完成验尸，然后在下午 3 点的轮巡中报告这起案子。工作结束后，我的心情还不错：凶杀案调查，这是我经手的第三起案件，不过一切都很顺利。

第二天，史蒂芬尼·菲奥里医师在早上的会议结束后跑来找我。她的眼神中有种掠食者的神情，让我很紧张。“你应该注意到昨天在赫希医师轮巡的时候，你说你那件凶杀案死因是‘颈部切割伤’吧？应该是‘穿刺伤’才对。”我马上说她听错了，但是菲奥里非常坚持：“你就是说‘切割伤’。”

“那我一定是口误，”我回答道，“我确定我在死亡证明书上写的是‘穿刺伤’。”我非常明白这两者的差别在哪里。切割伤的表面伤口长度比伤口深度大，而穿刺伤是伤口深度比表面伤口长度大。法医病理学家如果在处理创伤案件时把这两者搞混，等于是连基本工作——明确辨识伤口都没做到。

“为了保险起见，你最好再检查一次死亡证明书，因为我很确定我听到的是什么。”说完，菲奥里就趾高气扬地走了。

我真是气坏了。她以为她是谁啊？我只不过是在开会的时候一时口误，有那么严重吗？重要的是那份会被起诉人、辩护人、法官和陪审团参考的官方法律文件——死亡证明书！我真是等不及要把布朗的死亡证明书拿出来，然后我就可以好好“感谢”一下菲奥里的关心，告诉她实在不用多虑。没错，我要好好告诉她一点道理，我要……直到我看到死亡证明书，死亡原因其中一行就写着“颈部切割伤”。

天啊！我居然把我经手的第三起凶杀案的死亡证明书写错了！

调查机构已经掌握所有数据，我无比希望嫌犯会选择认罪协商。我必须修正死亡证明书，而且我不是写错死者的出生月份而已，我把死因写错了！辩方律师在庭审时绝对不会放过我。我要怎么跟陪审团解释我对死亡原因改变了看法这件事？但不论如何，这还是会比我直接以原本的死亡证明书——就是错误的那份——出庭来得好。菲奥里救了我的小命。

我去见地方助理检察官吉尔·霍克丝特的时候，她完全没有提到死亡证明书修正的事。她对于“国王的新衣”不肯接受协商而心存不满。“我真不敢相信这家伙居然不肯认罪，但是我们距离判定他到底该服刑多少年还有一大段距离。我可以接受过失杀人，15 年到终身监禁，但是他不愿意接受 10 年以上的刑期。”她提起精神，打开档案。“我还收到这堆东西。”霍克丝特递给我一沓 8 厘米 ×10 厘米大小的照片，照片里是个没割包皮的裸男，全身皮肤苍白、毛发茂盛，还有一双湛蓝色的眼睛。照片里的他双眼直视镜头，全身上下都是血，特别是双手。没错，“国王的新衣”手上满是真正的血迹，地方助理检察官有照片可以证明。“犯罪现场小组在现场帮他拍的照，”她告诉我，“这照片逗得全办公室都乐了。”

在这张正面全身照底下还有另一张照片。这张是他的脖子的特写，在画面左边角落有一撮胸毛。他的脖子左侧有 4 道抓痕，其中几道还稍微呈曲线状。“你看，”我说道，“她把他抓伤了。”

霍克丝特凑过来看照片。“这是抓痕吗？”

“没错，这太典型了，不可能是刀子弄的。你看到这里的指甲形状了吗？”我指着照片，“嘿，我在做强暴检验的时候把她的指甲剪下来作为证物，我打赌那里一定有可用的 DNA。”

“那好，”霍克丝特一边在笔记本上奋笔疾书，一边回答，“我们已经在凶器上找到他和她的 DNA。不过如果你觉得这些是抓痕，那我想请你出庭做证。这可以推断出杀人意图。”

“没问题。”

那些抓痕证明死者是为求保命而挣扎，我对伤势的解说能让被告方律师难以将刀伤辩称为意外。“国王的新衣”最后接受了认罪协议，被判 15 年有期徒刑。对于自己最后不用真的出庭做证，我着实松了口气，不过后来的经验告诉我，其实我不需要对于写错死亡证明书这么惊慌。赫希医师教我们，陪审团能理解医师也只是凡人，“他们只会在你不肯认错的时候抓着错误针对你。”

格雷汉姆、弗里曼和我都从赫希医师那里得到了完整的枪伤鉴定训练。我们花了很长时间在枪击凶杀案中追踪子弹和散弹，比对子弹进出的伤口。所有细节一定都要互相对得上才行，法医对于遗体情况的描述，可以协助警方判断开枪的方向和距离，有时甚至可以分辨出枪伤产生的先后顺序。通常遗体中取出的子弹都能与凶器配对，在法庭上，这些子弹也会成为强有力的证据。

子弹射进体内的伤口，通常都是一个圆形的洞，穿过皮肤，伤口会留下擦伤边缘，也可以称之为“磨损边缘”。如果弹孔的边缘呈“撕裂边缘”，那这个弹孔就是子弹射出的路径。我的验尸工具组中包含4种伤口探针，其中一根比铅笔略细一点的金属棒，长约46厘米。“从子弹的出口往入口进行探测会比较容易，”赫希医师指导，“你必须清楚地描述弹孔的模样、边缘，以及出血量。如果流的血不多，这个伤口可能就是在连续几枪之中，比较慢地射中死者的那一枪，因为动脉血压降低导致出血减少。”

子弹的路径是可预测的，一旦进入人体后，子弹不会乱跑，大多数都是直线前进。如果打中骨头，可能就会卡在骨头上，这颗子弹的方向也可能被稍微改变，但是它不会像小钢珠一样弹来弹去。有些子弹被设计成打中目标后，会在目标体内绽开，形成无数锐利的碎片。外科医师和法医病理学家没有不恨这种东西的。这种情况下，我们得亲手移除子弹，不能使用任何会刮伤组织、使弹道证据受损的工具。我会戴两层乳胶手套，中间夹一层棉手套，但即便如此，也不能保证一定不会受伤。伸手到死者体内四处摸索一块小金属，还可能会被割破手套和皮肤，这是我由衷希望自己可以不必面对的职场风险。

法医病理学家也会遇到令人摸不着头绪的弹道谜团，子弹血栓是其中一种。子弹射进跳动的心脏中，如果位置正确，冲力也刚好，这颗子弹会被冲入血液循环系统，然后一路顺着越来越细小的血管下行，最终被卡住，此时位置已经离射入点非常远了。“我曾遇见过最奇怪的子弹路径。”赫希医师告诉我们。那起案件中，一名男子胸腔遭到射击，最后子弹跑到了原本毫无创伤的肝脏内部。这颗子弹跑到死者的下腔静脉里，地心引力又把它一路向下拉到肝静脉里。

如果遗体上有子弹进入的伤口，却没有出口，我们就得负责找到子弹。找不到子弹可能会导致凶杀案无法定罪。有一天下午轮巡的时候，赫希医师跟我们讲了一个故事，这件事是他多年前的亲身经历，是一起多发枪伤的案件。当他把所有进出伤口计算完毕并把子弹收集起来清点之后，发现竟然少了一颗子弹。他把整具遗体彻底地用 X 线检查过，想看看有没有金属碎片残留在体内，结果却一无所获。“最后，”他告诉我们，“在走投无路的情况下，我只好拿起扳手，把验尸台的排水孔拆了。”

“那你找到了吗？”格雷汉姆问。

赫希医师露出了他的招牌表情，似笑非笑。“没有，我没找到。这件事许多年来让我一直耿耿于怀。我猜子弹应该是卡在胸椎上，X 线片才没拍出来。”我们都哀号了一声，赫希的表情又多了一点笑意，“但是遗体已经入土为安，我永远都不会知道答案了。”

人体上的枪伤会因为距离不同而产生明显的差异。接触性伤口指的是枪支接触或压迫在皮肤上方留下的圆形烧烫伤，我们称之为“枪管烙印”。如果枪支只是离目标很近，并没有直接接触，炙热的残留微粒就会散布在表面，在弹孔四周留下喷洒状的擦伤。如果枪支距离目标小于 15 厘米（近距枪伤），那么弹孔附近还会出现煤灰。距离 15 厘米以上、76 厘米以下的枪伤，会有表面散布痕迹，但是没有煤灰，这种枪伤为中距枪伤。如果伤口没有以上描述的特性——没有煤灰，也没有表面残留物——那么这就是远距枪伤了。不论子弹是在 76 厘米处发射的，还是 26 米，都只会留下一个干净利落的小洞，没别的。

2003 年 1 月的案子让我学到许多关于弹道的知识，还有枪伤伤口的确切细节。22 岁的安德鲁 · 杰弗逊是一名来自东哈林区华格纳住宅区的黑人男子。他因左侧太阳穴遭枪击致死，过程只有友人贾斯丁目睹。贾斯丁告诉警方，他带了一把手枪给杰弗逊，两人打算把枪卖掉。根据贾斯丁的说法，杰弗逊举起枪，对着窗外瞄准。“不要那么做。”贾斯丁告诉杰弗逊。

“嘿，这样如何？”杰弗逊举起枪，对准自己的太阳穴，然后——砰——枪就这样走火了。警方抵达现场时，手枪就掉在窗台上，而贾斯丁则在企图离开大楼的时候被警方逮捕。

枪伤在杰弗逊的发际线边缘，右耳上面有细微的残留物质，可是没有煤灰，表明是中距枪伤。子弹穿过杰弗逊的大脑，在另一侧停住。当我把他的大脑从头骨上方取出时，子弹就卡在硬膜的位置，紧贴着头骨，方向与子弹射入的伤口完全相反。子弹很小，与点二二手枪的子弹相符。我把这块变形的灰色金属装入证物袋作为证据，在工作单上写下“小口径、无外包层铅弹”。

残留物的状态告诉我，杰弗逊是在 15~76 厘米的距离遭射击的，这让贾斯丁所说的杰弗逊是自己射中自己成为可能。中距枪伤的距离范围，可以短到由死者自己扣下扳机，也可以长到能排除死者自己扣动扳机这个可能性。当然，任何距离都可能是由他人持枪对死者扣下扳机——若是如此，那么此案就是凶杀案了。

到底是谁做的呢？我向警方提出申请，由他们进行枪支射程分析，两个半月后收到肖恩·哈特警官捎来的惊喜消息，邀请我到现场亲眼观看弹道测试。我问他能不能让我带一位学生一同前往。“当然，”他回答道，“想带几个就带几个。”这时候是2003年，我肚子里的老二已经8个月大。我把自己塞进副驾驶座，由同事开车前往皇后区，后座还挤了3个幸运的医学院学生。

哈特警官有着一张圆脸和一双眼神锐利的绿色眼睛，穿着蓝色牛仔裤和纽约警局的运动衫。他已经任职17年了，最后这8年都在弹道小组——他很明确地表达自己想在这里待到退休。“我在曼哈顿北边当了几年巡警，然后在皇后区的两个分局当缉毒警察，包括现在这个分局在内。这两年我都在这附近买毒品。”

“这还真是唯一可以大声说出来还不会被逮捕的情况了。”我开玩笑。

“我被逮捕过一次。”

“真的？”

“对啊。我那时打扮成建筑工人，你知道的——低腰牛仔裤、工地帽、工作靴什么的。嗯，警局临时检查，那时我身上还带着刚买的毒品。”哈特警官看起来不像是个爱夸大其词的人，正因如此，我们5个人都不自觉地向他靠了过去。“这个巡警把我压在巡逻车旁准备上手铐，我开始小声跟他说：‘嘿，我是警察。’因为我真的很紧张，我怕他找到我的枪。”

“怕他找到后会击毙你吗？”

当他把那锐利得像是可以看穿我的眼神投过来时，我瞬间后悔自己问出这个问题。“是啊，世事难料。但是我又不能太大声地说，不然我的卧底身份就暴露了。好在后来有位警长以为这个巡警没办法搞定我，走过来要帮忙，他一眼认出我的身份。他们两人给我上了手铐，用警车载着我开了几个街区后就放我走了。”

“哇，”其中一个医学院学生说，“这经历太酷了。”

“对啊，以后有机会可以讲给我的孩子听。”

射程分析室里的桌上放了一个黑色的木箱，前端还绑了一块白色帆布，看起来就像个自制宠物提篮。一把金属码尺平摆在箱子一旁，长度比箱子长不少。“里面是什么？”我想知道。他把帆布掀起来给我们看——好几层在布料店就能买得到的那种棉絮被紧紧绑在一起。

“这是你们的枪，”警察说道，一边打开塑料证物袋，拿出一把小小的点二二手枪，银色枪身、棕色枪柄，看起来跟玩具没两样。哈特再三确认我们全都站在他身后，也都戴上了隔音耳罩，然后他用枪管抵着帆布，用力扣下扳机。枪声响了，他握着枪的手几乎没怎么移动。子弹在帆布上留下一个烧焦的黑色圆圈，中间有一个小小的洞。“我可以跟你们说，这扳机很紧，”他说，“至于确切的是多紧，我等会儿告诉你们。”

他拿出一块新的帆布挂在箱子上，用码尺测量，让枪管距离帆布 5 厘米，然后再次扣下扳机。这次手枪的震动稍强。近距发射使弹孔四周留下大范围脏乱的深色煤灰和残留物四散的痕迹。哈特警官重复这个程序，动作不疾不徐、有条有理，从 10 厘米、15 厘米、20 厘米、30 厘米、45 厘米到 60 厘米。每次射击，帆布上面的煤灰和残留物的范围就变得更广、更散，直到距离拉开到76厘米时，帆布上只剩弹孔，没有其他东西了。警察把所有的帆布在桌面上一字排开，看得出来杰弗逊的伤口是在枪口距离他30厘米以上、45厘米以下的距离之内造成的。我问了问法医同事的看法，他跟我有同感。

该死的，我对自己说。30~45厘米正是中距枪伤范围的灰色地带——要由死者自己扣下扳机是远了点，但又不算太远。意思就是我没有办法排除意外的可能性，不能直接把案子列为凶杀案，如果残留物质的范围符合76厘米之外，甚至60厘米，就好办了。

下一步，如先前所说，哈特警官开始测试扳机。他先确认枪支已经清空，将枪口对着天花板，然后在扳机上悬吊1.3千克的重物。什么事也没发生——1.3千克太轻了。他把重量加到1.8千克，然后又加到2.2千克，仍然没听到扣下扳机的声音。扳机直到悬挂的重量达到5.1千克时才移动。"这就可以证明这把枪的扳机不是一触即发，"他说道，"大部分黑枪的扳机都是2~3千克。这把枪的扳机重量跟纽约市警局的武器类似，扣下扳机的人一定都是有意而为。"

虽然过程十分有趣，但是哈特警官的弹道示范并没有解决杰弗逊的案子。我还是得想办法找出到底是谁用那把银色的点二二手枪对着杰弗逊的大脑开了枪。我现在知道枪是在30~45厘米的距离扣下扳机的，但是这件事只证明了一个理论，仍然不能排除死者自行扣下扳机这个选项。我怀疑贾斯丁本来是想把枪从杰弗逊手中抢走，结果却在离杰弗逊比较远的时候意外擦枪走火。也许当时枪支还在杰弗逊手上，或者是两人同时抓着枪也不一定。我在下午3点的轮巡中报告这起子弹悬案的时候，赫希医师提醒我："指控者须提出证明。"但我什么都证明不了。杰弗逊的枪击案就这样归档了，死亡方式不明。

像杰弗逊这种年轻黑人男性的枪杀致死案件，在纽约市数量多得令人沮丧。我在布朗克斯办公室为期一个月的轮转期间，几乎每天都要处理这类案件。某个周五，我替拉蒙特·汉德森验尸，他身上有两处大口径射穿的枪伤，每个弹孔各自是 2.5 厘米宽。第二天我又接到另一起案子，死者是 21 岁的雷纳德·霍尔，脸部两处枪伤。在波玲尔医师的指导下，我得先完成“撕脸皮”的任务，才能追踪子弹的路径。我必须把薄薄的脸皮跟底下的肌肉组织分离开来，从眉毛一路进行到颈部。做这件事并不容易，而最棘手的部分是眼皮。把脸皮全都剥除后，我就跟着子弹留下的血红色伤口，一路进入霍尔的头部。一颗子弹从左脸颊射入，最后卡在颈部后方。另一颗子弹从左眉进入，直接向下钻，在第四节颈椎处截断颈部脊髓。我要把死者的下巴抵在胸口处，才有办法找到子弹的直线路径，把金属探针从枪伤出口往射入点穿过去。

这两发子弹告诉我一个完整的故事。霍尔是脸颊先遭枪击，在第二颗子弹射中他的眉毛上方之前，他就先往下蹲了。他的下巴往下压，于是形成了这样的弹道。如果第一颗子弹是射中颈椎的那一颗，他就会因脊髓截断而完全无法控制自己的肌肉，直接倒地，第二颗子弹也就不可能从脸颊射穿了。

“太神奇了！”我看到金属探针从死者眉毛旁伸出来的时候，高兴地向波玲尔医师和技术人员芮妮喊道。我之前从没在处理枪击案件的时候，重建过这么完整有序的故事细节。

凶杀组派来的警察是个身材高大的白人男子，他在我验尸进行到一半，还没和波玲尔一起把脸皮剥除时来到验尸房，要对死者身份做出官方确认。他开口说话前几乎没正眼看过霍尔，“就是他，”然后递给我一份记事夹板，让我在上面的表格上签名，“所以是胸前有两处枪伤。”我的笔才刚碰到签名处，就听见他这么说。

我看了一眼夹板上的身份确认表，“拉蒙特·汉德森”——昨天的黑人死者。“这不是你的案子，”我说，“这个死者是脸部枪伤，你看。”警察马上满脸通红。“你差点就签错尸体了。胸口枪伤的死者，拉蒙特·汉德森，现在在冷冻库里。我们昨天就完成验尸了。”我把没签名的表格递还给警察。

“真好奇这种事发生得有多频繁。”波玲尔医师在警察经过她身边要走出布朗克斯验尸房时故意挖苦道。我也很好奇。

在纽约市，培训人员通常都会争取凶杀案件，我却觉得大多数凶杀案件都不是那么吸引我。大抵上就是有块金属进入人体，截断了某个部位，人死了，故事结束。我喜欢的是需要解开谜团的、另有隐情的案子。玛丽·林奇是一位老妇人，有疑似酗酒记录，在 2001 年 8 月一个炎热的夏日，她被自己的先生发现死于上东区阁楼公寓里的楼梯旁。这起案件看似没什么新奇的，毕竟纽约市到处都是楼梯、年长的市民和酗酒者。

验尸过程很短。外观检查发现除了头部左侧有严重挫伤以外，没有疾病征象或其他伤口。我从她的手指上取下一枚戒指，上面有一颗青豆大小的祖母绿，祖母绿旁还围了一圈钻石。我把戒指放进证物袋中封起来。那枚戒指的价值看起来比我一辈子当法医的薪水还要高。急救人员已经把她的衣服剪开了，但是她身上衣物的高雅风格还是可见一斑。就连她的发型和指甲也在告诉我，她的财富不容小觑。

我打开玛丽的躯干时，发现两根断裂的肋骨，但是没有其他创伤，也没有会给我带来麻烦的陈旧性手术伤口。除了大多数酗酒者都有的肝大状况以外，看起来她这 78 年之中没有什么健康问题。我锯开她的头盖骨，掀开头皮，里面的肌肉和纤维组织上有挫伤导致的血点，在这个创伤下方，我还发现骨头上有一条长长的、笔直的裂痕。我写下笔记："左额骨有 5 厘米头骨裂痕。"然后启动电锯，把头盖骨锯断取下。死因就出现在玛丽的左脑上方——部分已经凝结的黑色和红色血迹，硬膜下出血把脆弱的大脑往右边推挤。"中线偏移。"我这么写道。

头骨是很坚硬的拱形骨骼，大脑则呈软软的果冻状。在硬膜下出血的案例中，创伤会导致血液流到头骨与大脑之间。血液无处可去，头骨也不会被向外撑开，结果就会导致大脑镰下疝，这是非常糟糕的状况。一部分大脑在液体的挤压之下被推向头骨的其他位置，生命中枢——让心脏持续跳动、肺部持续呼吸的神经系统——就会停止运作，人就会一命呜呼。

玛丽的情况中，这个现象可能是在致命撞击后几分钟到几小时之间发生的。她可能就倒在楼梯旁，失去意识，直到头颅内的血液充满颅内空间。她的头骨只有一处笔直的裂伤，这表示让她丧命的就是这记重击。在称过大脑重量后，我小心翼翼地把大脑放进装了福尔马林的桶里，申请神经病理学评估。阿姆博斯特梅切尔医师能告诉我这个伤势具体位于大脑的哪个位置。这个案子显然就是一击致命。我在死亡证明书上签了名，同意让玛丽的先生火化遗体，文件上的死亡方式我写下“意外”。

那天早上，我又继续完成了两件平凡的验尸，第一起是48岁的艾滋病患者，在家中被发现时，尸体已经开始腐烂；另一起是一位来自毒窟的20多岁的瘾君子。三起验尸让我那天非常忙碌，不过文件处理都不太复杂，或者说，在我的电话响起之前是如此。

莫琳说她是玛丽来往40年的挚友。“她跟比尔结婚时我也出席了婚礼，愿她安息。他们的婚姻生活很快乐。但是比尔过世后，她认识了这个……这个骗子！噢，可怜的玛丽。他们不知道吵得多凶！”

莫琳在电话中说道，20年前她那富有的寡妇好友认识了惯说甜言蜜语的林奇先生——英俊、高大，穿着时尚，比玛丽年轻。玛丽答应了他的追求，没过多久他就向玛丽求婚了。但玛丽不是傻子，她写下婚前协议书，把自己的财产与婚姻生活切割开来。林奇先生对此不是很高兴，而且根据莫琳的说法，他开始出现暴力行为。他们就这样生活了好几年。他会揍她，而她则沉溺于酒精之中。

“当铺事件是压垮骆驼的最后一根稻草。”莫琳用一种爆料的口气告诉我。玛丽独自前往欧洲度假，她不在家时，林奇先生企图把她的一些银器拿到附近一家小有规模的当铺典当。“当铺老板是玛丽的老朋友，他一眼就认出那些银器，那可是传家宝啊！他打电话给我，由我联络还在欧洲度假的玛丽。那之后……”她没继续说下去。

“为什么玛丽不跟林奇先生离婚？”

“她做了其他安排。”莫琳接着解释，这对夫妻的婚姻关系名存实亡。“她告诉我，去年她又改了一次遗嘱，把林奇先生从遗嘱中移除了。她没打算留一分钱给他，财产全都留给已经长大成人的孩子——她跟比尔的孩子。”我问莫琳，林奇先生对这样的安排是何反应。“他一直不知道。但如果他发现遗嘱的事，我猜他会攻击她。目睹过他们的争吵后，我真的不会太惊讶。”

莫琳把当铺老板的电话给我，对方也证实了莫琳的说辞。林奇先生是常客。多年来，他总是带着许多女式珠宝来到店里，“每次都是卖，从来不买东西。他有一次带着一块漂亮的女式表来卖，那是我见过的最精致的一块表了，上面镶满珠宝，搭配精致的瑞士手工。唉，真是块好表啊。”

“你问过他是怎么取得这些东西的吗？”我问道。

“医师，我的工作性质跟你的相反，我得尽量避免提问。我没有立场质疑东西是不是赃物，而且也没有人对此有任何抱怨。”他接着回答另一个我还没提出的问题，“但是玛丽的银器我一眼就认出来了。”他继续说下去，情况跟莫琳告诉我的相符。“玛丽几周后来到店里的状况？我在店里见过很多生气的人，我很清楚地记得玛丽来的那天，她气坏了。生她先生的气，你懂吧——不是生我的气。不用说，我全都原价让她买回去了。她请我把东西全都送回他们家，交给门卫比利。我当然答应了。”

我原本希望最后一个在医院急诊室里治疗过玛丽的医师能告诉我更多内情，不过他没多说什么——在他出手之前，玛丽就断气了。“她被送进来之后 8 分钟，急诊室就发出危急警报，完全来不及开颅。我猜你应该看到血肿了吧？”

“硬膜下血肿 100 毫升，中线偏移，还有大脑镰下疝。”

“啊，难怪。好吧，这也不是最糟的死法吧。”

“没错。”我同意。

我还是没办法找到关键问题的答案：玛丽和她先生之间真的有暴力发生吗？赫希语录突然在我耳边响起：“电话能解决的案件比显微镜还多。”我手上有玛丽的邻居拉娜的电话，也能联络得上当时叫救护车的门卫比利。我决定先打电话给拉娜。

“玛丽都说那是‘意外’，我没道理不相信她吧。”拉娜急忙宣称，但听起来也没什么说服力。“不过我仔细一想，她有一次好像还去了医院。她说她在家跌倒，扭伤了手腕。喝醉时的确会发生这种意外，玛丽也是个爱喝酒的人。我不是要说她的坏话，但你是医师，一定比我更清楚，她就是个酒鬼啊。”

“那她跟先生的关系如何呢？”我问道，心里猜测着拉娜是否会跟莫琳有一样的看法。

“噢，他和她两人的生活是独立的。他们住在不同的公寓里。”

这点引起了我的注意。“不同的公寓？你的意思是……”

“那套阁楼公寓空间很大。我想他们相处得并不和睦，她告诉我他们已经好几年没说过话了。其实也不奇怪——他实在是个很讨人喜欢的男人，风度翩翩。”她像花痴一样笑了起来。“他待在他的‘领域’里，她是这么形容的。玛丽说过，只要他不烦她，就会让他继续住在那里，这比直接甩掉他简单点。几年前她请了装潢人员给公寓装了隔间，不信你可以问门卫比利。”

又是门卫比利，好像每个人都认识这个门卫比利一样。“是的，女士，就是我让医护人员进入大楼的，”他接起我的电话时说道，“然后我就离开了。”

“你看到公寓内部了吗？有没有看到什么东西？”

“林奇太太躺在地板上，就在阁楼里的楼梯脚下。他们的公寓面积很大，里面分成两层，是本栋楼里最大的一户。”

“里面是两套公寓吧？先生的和太太的？”

“是的，女士。两扇门，各自的钥匙。”

“原来如此。”我努力让自己听起来保持中立，“那么是林奇先生发现玛丽倒在楼梯旁的吗？”

我听到电话那头传来电梯发出的叮咚声，比利沉默片刻，没有说话。“这点也让我有点困扰，”他终于答道，“我已经好几年没看到他们同时出现了。昨天我却接到林奇太太的内线来电。我接起电话，说：‘您好，林奇太太，需要我为您服务吗？’结果是林奇先生打来的，告诉我他太太跌倒了，要我帮忙叫救护车。医疗人员抵达后，我立刻带他们搭电梯上楼，但是我没有进入公寓。毕竟我还得照顾其他住户，您明白吧？他们全都跑出来，想要知道发生了什么事。如果我不回到大门旁的位置，其他人会抱怨的。”

“屋里除了林奇先生跟太太以外，没有其他人了吗？”

“我没有看到其他人。”

“里面看起来有打斗的痕迹吗？有没有什么东西看起来是被打乱的，或是摔破的？”

“就像我刚跟您说的一样，我站在门外的走廊上。不过我可以告诉您一点：我没有听过邻居抱怨林奇夫妻。”比利停了一下，“我很遗憾看到玛丽的遭遇，”他轻柔地说道，“但这不是我遇过的第一起死亡事件了。我已经在这栋大楼工作了很长一段时间，事故难免会发生，但看到玛丽如此，我真的很遗憾。”

我挂上电话，马上前往楼下办公室找齐妮特。我请齐妮特帮我先扣住玛丽的遗体，并且重新开一张死亡证明给我，上面的死因和死亡方式都写“未定”，并且把“允许火化”那一栏留空。然后我回到办公室，拨电话给纽约警察局凶杀组。

两名警察——奎恩和泰勒那天下午来到我的办公室。两人看起来对于这个新任务都不甚感兴趣。

“她的血液酒精浓度是多少？”奎恩问道。

“那要几周后毒理学报告回来才知道。”

“她闻起来一身酒气吗？”

“没有，”我告诉他，“不过，大家都证实了她酗酒这件事。只是，若不知道她先生在公寓里做了什么，我就不能把死亡证明书签出去。”

“什么意思？”

我告诉他们整个情况，但两名警察还是抱怀疑态度。他们已经被货真价实的帮派枪战、公园持刀刺杀案和毒品交易案烦死了，看起来都不想在没有充分理由的情况下，跑到上东区的一栋高级公寓里到处摸索。

“我需要确认有没有邻居听到他们吵架。”我说。

奎恩合上笔记本，“医师，等你找到具体证据，能证明这起案件不是单纯跌落楼梯致死的时候再告诉我们，好吗？”如果没有证据证明林奇先生曾经对她动粗，他们就没有理由去按门铃提问。

因为警方没有展开调查，这起案件就这样卡住了。我去找苏珊医师，想问问她的意见。我说到警察的反应时，她翻了翻白眼。“如果可以让他们把这起事件列为意外，要他们在现场鞠躬他们都愿意。没有其他创伤了吗？”

“一点也没有。”

“我们明天早上再一起检查一次吧。有时候创伤会等到第二天才显现出来。”

这个说法我还是第一次听到。“你说第二天才会显现出来是什么意思？创伤还能上哪儿去？”

苏珊向我解释尸斑掩盖创伤的原理。人死了以后，血液会停止循环，并且发生任何液体都会发生的现象——受地心引力影响，往最低处流去，然后聚积在那里。玛丽是在医院过世的，死亡时呈平躺姿势，所以，当我开始进行解剖的时候，她的背部已经出现好几处红斑。等到解剖结束后，血液从体内排空，尸斑就会消失。“在某些案件中，24 小时后就能看到本来被遮住的创伤。”

可我还是比较悲观。“就算我们看到她身上出现什么痕迹，又怎么证明是她先生做的？”

“嗯，如果没有在她背上找到手印，就很难说是他把她推下楼梯的。我们明天看看就知道了。”

我和苏珊第二天早上在更衣间碰面，一起换装。遗体已经平躺在验尸台上等着我们。我们合力把玛丽翻过来，然后两人都倒吸了一口气。她的肩膀后方出现了 10 处前一天还不存在的瘀青，清清楚楚地呈现出 4 个手指和 1 个大拇指落在左肩的印子，右肩上也有 4 个手指和 1 个大拇指的印子。“苏珊，你会巫术啊！”我惊呼。

佛洛蒙本医师也在验尸房，我于是请他过来看。他微笑了。“没错，那就是抓痕。这就是为什么我们不急着把遗体送走的原因。记得做显微切片，如果只能观察到红细胞，表示伤处是死亡时刚造成的。但如果你观察到发炎现象，可能就是死亡前几小时产生的。不过我们眼前所见绝对是活体反应，一定不是死后产生的。”

摄影师把我们的新发现拍照存档，然后我用解剖刀切入两肩出现红斑的部分，采取组织样本送到组织学实验室。有人在玛丽的身上留下指印了，不会错的。有人抓住她，而且用了很大的力气。

一出验尸房，我立刻拨电话给凶杀组。“警官，我找到你要的实际证据了。”我告诉泰勒。他的反应倒不像我同事一样热烈。

“那些手印不会是医疗人员留下的吗？”

“你的意思是……”

“你知道的啊，就是搬动她时留下的，急救的时候。”

我想了一会儿。他说得有道理，不过急救过程中不太可能会把手放在那个位置。“就我所知，没有医疗行为会需要医疗人员抓住那个部位，更不用说要用力到留下瘀伤的地步了。”

“但你也不能排除这种可能性吧？”

“排除？不能。医疗人员抵达现场的时候她还没断气，所以，她的血流的确足以留下活体反应。但是不要忘记，医疗人员对患者是很小心的，特别是在患者是一位个子娇小的老太太时。”

“但是那些手印的确有可能是医疗人员留下的。”

“有这个可能性，但概率极小。”

“好。那有没有可能是她绊倒后，先生企图唤醒她时留下的呢？他可能会抓住她的肩膀，用力摇她，想把她叫醒。这也不代表是他把她推下楼梯的吧？”

我告诉泰勒警官这点也不无可能。我不能明确指出那些手印到底是怎么在玛丽还活着的时候出现在她肩膀上的，也不能判定确切的现场状况。我只能告诉他我的亲眼所见：那些手印看起来像是有人用手留下来的，这个人还得使出不轻的力道，以及这样的行为不是在玛丽死后才发生的。剩下的就得留给他去查明了。

“你会把这起案件判断为凶杀吗？”他想知道。

“我手上的信息不足以判断是凶杀还是意外，我只能等到你的调查结果出炉才能决定。”

这已经是 8 月底的事了。到了 9 月，我收到阿姆医师送来的神经学报告，他确认硬膜下血肿就是死亡原因。又过了几个月，毒理学报告也回来了。玛丽当时已经喝醉，体内乙醇含量很高。每个被我访问过的人都告诉我，她多年来一直是个重度酗酒者，所以，我根本不可能判定她到底是不是喝醉才摔死的。在 5 月初，组织学切片报告终于回来了。在显微镜下只看到红细胞，没有别的，没有发炎，没有愈合迹象。那些手印瘀青是新创伤。

我在 5 月中旬好好总结了玛丽的案子。我在死因栏里写下：“钝物重击头部导致头骨破裂及头部创伤。”但是死亡证明书仍维持待决状态。我没办法判定死亡方式——意外或凶杀——直到我看到警察的调查报告为止。这已经是事件发生后 9 个月了，而我还是没有收到报告。我再次致电泰勒警官。

“玛丽的案子你有其他进展吗？”我问他。

“还能有什么进展？”

我简直不敢置信。“嗯，上次我们谈话的时候，我告诉你我担心她先生可能有家暴行为。这起案件得按凶杀案调查。”

“你要在死亡证明书上写下死亡方式为凶杀吗？”

“我不知道，这取决于你的调查啊！”

“我们找过她先生问话，但他中风了，我们听不懂他说什么。”

这下我真的恼了。就这样吗？想躲掉杀人嫌疑，只需要中风，然后罹患失语症就行了吗？“你做过访谈吗？跟其他人谈一谈？”我问。

“没有。”

“门卫呢？”

“有，我们跟他谈过了，他什么都没看到。”

“那邻居呢？”

“没什么好调查的我们就不会去访谈，除非这个案子是凶杀案，否则也没什么好调查的。”这件事就这样了，我不能去挨家挨户问话，而警方也不打算这么做。

我在当天下午 3 点的汇报中提到这起案件。“我不能光从尸体的状况判定她到底是被推下楼梯的还是自己摔倒的。这起案件从头到尾都很可疑，但是也不足以判定为凶杀。可是我觉得也不可以就这样判为意外。毒理学报告显示她可能已经醉到会摔下楼梯的程度，但是已经分居的丈夫又为何会出现在她屋内？她肩上的伤痕显然是抓握伤，但这伤势到底是他攻击她的证据，还是当她跌倒后，他企图叫醒她时留下的痕迹？我不知道啊！”

赫希告诉我，我只是调查团队中的一个环节。奎恩和泰勒警官则让我明白了我的身份能做的事有限。“如果你没办法判定到底是凶杀还是意外，这时候‘无法判定’就派上用场了。”佛洛蒙本医师说。我当时一定是一脸挫败。他微笑着继续说：“死亡方式无法判定不是代表‘我没有努力查明’，而是‘我们的信息不足以做出确切判断’，如此而已。”

“我认为你的决定是正确的。”赫希医师说。他的认同没有让我在玛丽的死亡证明上写下“无法判定”的时候释怀一些。警方决定将这位妇人的死亡视为失足所致，这就是结果了——整个案子就这样走进死胡同。也许是意外，也许是凶杀，但永远不会有人知道了。

皇后区的这间公寓大门微开，门框已经一片破烂，一进门，到处都是木头碎片和暴露在外的铁钉。安德烈斯·加西亚已经在里面腐烂 5 天了，也可能已经 1 周了，直到尸臭让这处贫民窟的其他住户忍不住报了警。法医鉴定小组的报告告诉我，加西亚的尸体在屋内走道上，呈半俯卧状态。一条电线紧紧缠绕在他的脖子上，电线的另一端则绑在暴露在外的天花板管线上。还有一条电线绑住他的脚踝，但是他的双手和双臂没有被捆绑，手腕和前臂上有明显的割伤，但只有内侧有伤，伤势一路延伸到肘部。报告中写道，他的鼻子和眼睛被保鲜膜紧紧包裹，尸体下方有一摊黑色液体——也许是血，也许是腐烂过程中形成的液体。

客厅的电视还开着。床边桌上的钱包里放的是玻利维亚货币。一把干净的刀放在厨房操作台上。有人用血在水槽边写下一个词——可能是“Pato”或是“Bato”，调查员在报告中写道。浴室地板上也有血字，但是无法辨识。马桶里漂着一双手术用乳胶手套。医疗人员来到现场，并正式宣布加西亚已经彻底死亡，但是他们全都保证没有走进浴室，更别说把手套丢进马桶里了。法医鉴定小组人员在报告中用来形容公寓整体状况的词是“被翻遍”。

“要是我，就不会这么形容，”皇后区的验尸房里，我忙着把遗体从尸袋中移出的时候，福尼尔警官这么说，“有些人的生活方式就是如此。”

我问他血字是什么意思。“这要看情况。‘Bato’的意思是老乡，但‘Pato’指的是‘死同性恋’。我们不确定上面写的是哪一个字。”除了这些，福尼尔就没有其他信息了。法医鉴定小组的报告中没有照片，所以，我没办法自己依据现场状况做出判定，只能靠遗体了，但这具遗体已经呈发臭、剥落的腐烂状态。

加西亚从尸袋里被移到我的验尸台上后，保鲜膜已经不再紧封住他的双眼和鼻子，而是脱落到颈部，像围巾一样挂在那儿，上面还粘了不少皮肤组织。他的脸部仅存的皮肤像一块破破烂烂的灰绿色抹布。整具尸体都覆盖着亮亮的黏液，全身斑驳，出现一片片棕色、绿色、白色和黄色的斑。表皮组织外层像腐烂的水果皮一样从我手中滑落。他的整个躯干（包含生殖器在内）都肿胀不已，肚皮鼓得跟要炸开来一样。

当我一刀划下去，进行 Y 形胸腔切开时，尸体内部的气体一股脑全喷出来，笼罩了我的整个工作台。福尼尔警官立刻一路退到验尸房的另一端去。

电线在死者颈部留下深深的捆绑痕迹。我用大剪刀把电线剪断，然后把线圈大致重组以测量长度。死者脚上的电线也一样留下了很深的捆绑痕迹，甚至深到流血的程度。加西亚右前臂和手腕的割伤是平行的切割伤口，这些可能是自杀未遂留下的“犹豫瘢痕”，或是凌迟的证据。每道伤口都没有深到会引起大量流血的程度，他的韧带也毫无损伤。即便手部已经受伤，他还是可以敏捷地把自己的脚踝和颈部用电线绑紧或松绑。

加西亚后颈的伤势让我一头雾水。捆绑的痕迹落在第四节和第五节颈椎位置，与喉结同高。一般上吊自杀留下的捆绑痕迹会呈斜角，从下巴的角度往上直至颈背，甚至到耳朵的位置。加西亚的伤势看起来是平行的捆绑窒息痕迹，如果他平趴着面朝地的话，施力点就是他的正后方。

我大声对着验尸房另一边喊：“警官，死者被发现的时候是什么姿势？”

“他身体朝前，双膝跪地，面部朝下。”福尼尔答道，一边走近了几步，但仍保持相当的距离。

“他被吊着吗？”

“对啊。”

“如果他面部朝下，要怎么被吊着？”我问，“这些勒痕看起来是水平状的。”

福尼尔走到足够近的距离内，看了一眼工作台上的尸体，然后耸耸肩。“电线另一端被绑在天花板的管线上，这一端则在他的颈部上。有现场照片。”

“有现场照片？”法医鉴定小组的文字报告里并没有照片。“为什么我没拿到？”

“照片在犯罪现场小组手上。”

“我得看看照片才行。”我一边说，一边继续将腐烂尸体中的内脏取出。几分钟后等我抬起头时，福尼尔已经走了。

两天后我致电这位警察。他说犯罪现场的照片还没拿到，犯罪现场小组也还在继续尝试从马桶里的乳胶手套上采集指纹。如果他们找到任何信息，他会告诉我——不过现阶段已经有新进展了。调查发现了几份属于加西亚的文件，其中有一份文件能让他在玻利维亚绕过机场警卫和警方的关卡。“他可能是警察或隶属缉毒署。”

“哇，”我说，“所以，这可能是缉毒案件吗？等等，国际缉毒案件？”

“我们还不能这样假设。这案子在我看来还是很像自杀。”

“那他的公寓被翻遍又怎么说？这男人的家里还有血字啊！”

“想自杀的人往往会做出奇怪的行为，你应该很清楚吧。”

“尸体上有凌迟的证据！”

“我觉得看起来更像自残。”他重复道。

他就这样跟我一来一往地争了一会儿。警察拒绝承认死者被攻击者勒毙的可能性，我则拒绝在进一步调查前在死亡证明书上写下自杀。挂电话的时候我们俩都很生气。

过了几天，格雷汉姆跟我出去吃午餐的时候，我提起加西亚的案子。“你检查过直肠吗？”他问道。为我们服务的服务员显然对这个问题很惊讶。

我等到服务员离开了才回答："为什么要检查直肠？"

"有时候他们会在运毒过程中虐待这些人，把毒品塞进他们的直肠里。我们之前在迈阿密的时候常常看到这种例子。"

我不记得自己有没有检查加西亚的直肠。那天晚上我整晚在家焦虑不已，彻底毁了我先生的晚餐时间。第二天我把遗体从冰库拉出来，重新检查了一次直肠和结肠，没有创伤迹象。

我申请加快进行毒理学检测，一周后报告回来了，死者体内没有酒精成分。我打电话给警察，将这个结果告诉他，但他还是没拿到犯罪现场的照片。我开始觉得烦躁了。他再次想说服我以自杀结案，但是在看到现场照片之前我绝对不可能这么做的。

将近 1 个月后，一大沓 8 厘米 ×10 厘米大小的照片终于送来了。看着照片，我陷入了困境。

犯罪现场照片显示加西亚胸口靠在厨房椅子上，身体向前倾，双手被捆绑在背后。绑在管线上的电线拉住他的颈部，让他的头不至于向前垂下——他的头部完全被保鲜膜包裹住。保鲜膜一定是在法医鉴定小组将尸体移入尸袋中的时候脱落到颈部的，但是在未被移动的死亡现场，保鲜膜紧紧覆盖着他的眼睛、鼻子，几乎连嘴部都要裹上了。我翻看了那张马桶里的手套的照片，这谜团仍未解开。下一张是厨房的照片，操作台上的血字写的是"Pato"，也就是"死同性恋"，清清楚楚。卧室里的每一个抽屉都被拉出来，床垫被翻开，衣物丢得到处都是。

现场照片送来的时候，再过 5 分钟下午的轮巡就要开始了，我往会议室走去，手上仍翻阅着照片，说不出的震惊。我把照片传给同事看。当我提及福尼尔断定这可能是自杀案件，以及公寓的状态不算被洗劫，只因“有人选择这样的生活方式”时，好几个同事都发出不以为然的声音。“福尼尔在想什么？为什么要让我觉得这起案件是自杀？”我大声质疑。“他可能以为只要一直不给你照片，你最后就会在死亡证明书上写下自杀，然后忘了这件事。”有人说。毕竟这可能真的是自杀啊，不是吗？我能把这起案件写成无法判定，对吧？

大家望向赫希医师。“这显然就是一起凶杀案。”他说，然后把照片还给我。

我觉得福尼尔警官简直把我当傻瓜耍，我在心里决定绝对不让这种事再次发生。我们法医需要警方协助，告诉我们那些遗体无法提供的信息，但这不代表我就应该天真地相信他们一定都跟我一样，追求相同的目标。有人凌迟加西亚，并且将他以一种残忍的方式绞死，下手毫不留情。死亡方式不是自杀，也不是无法判定。我第二天就在死亡证明书上写下：凶杀。

杀害加西亚的手段之凶残，以及警察态度之冷漠让我精疲力竭。每当发生暴力犯罪案件，社会结构就会出现一个缺口。我们必须从法医学角度协助填补缺口。完成这项任务需要专业的判断力和敏锐的观察力，随着工作的时间越来越长，我已经学会让自己和“患者”之间保持距离。但是我并非在每一起案件中都能控制自己。我不断磨炼自己，凡事持保留态度，但在遇到杀童案的时候，我就沉不住气了。

我在纽约接手过 18 起儿童验尸案。许多意外死亡事件背后都有很可怕的故事，不过总的来说，当我自己还是一位新手妈妈的时候，调查的儿童案件反而让我没那么担心自己家里那个总是不受控制的孩子。这两年我经手的案件中，没有任何一位死者的年龄在 4~14 岁。我接手的儿童验尸案件，除了少数几件外，生命结束的时间都是在几周到几个月之间。曾有一名极娇小的 7 周大的婴儿，因为住在流浪者之家的少女妈妈将他面朝下放在一堆危险的棉被床单之中，不幸闷死。一名 6 个月大的孩子从母亲的床上滚落，卡在金属栏杆之间，死于体位性窒息。最令我心碎的案子是一名 2 个月大的孩子，被“婴儿姿势固定器”闷死，他的保姆特地把这东西放在婴儿床里，这是用来避免他因为翻滚而窒息的海绵，结果反而造成了这个孩子的死亡。剩下的其他案件大多都是自然死亡，可能是因为基因问题，或只是运气不佳。拉凯夏是唯一被我判定死因为凶杀的儿童。

我在丹尼 3 岁生日前一周接手这起案件的验尸。拉凯夏只比丹尼大一岁，是个身材娇小的女孩，个头跟丹尼差不多。拉凯夏的母亲向警方宣称拉凯夏在浴缸里滑倒了，她在说谎。我知道她说谎，因为验尸台上的遗体显示出清楚的浸泡式烧烫伤痕迹。拉凯夏的脸部、手腕和双手毫发无伤，但是双臂上烫伤的皮肤看起来就像袖子一样。她身体的其他部位大部分都被皮肤褶皱或浴缸的陶瓷表面保护住了，这告诉我拉凯夏并没有挣扎着要逃出滚烫的热水。她是缩成一团，想要躲开疼痛的来源。有人抓起这个小女孩的手腕和脚踝，强迫她浸在热水中，而且把她压住不让她离开。

格雷汉姆那天就在我的验尸台旁边做事。他看了一眼拉凯夏的遗体后说：“如果那不是浸泡式烧烫伤，我就可以把课本拿去丢了。”史密迪医师和佛洛蒙本医师也表示同意。我一完成验尸，就立刻致电警察。我向赫希医师汇报这起案件，他冷静但毫不犹豫地说：“这是凶杀案。”

拉凯夏还有其他兄弟姐妹。她 8 岁大的哥哥向警方说出这个令人痛心的长期受虐故事。他说他们本来不应该跟任何人说的，“因为儿童福利局会把我们带走，送到寄养家庭。”孩子的母亲双手有烫伤的痕迹，她坚称那是煮饭的时候弄的。拉凯夏因伤住院一个月后死亡，在她接受治疗期间，有一天她跟帮她换尿布的护士说：“昨天我不乖，所以妈妈把我放进浴缸里。”

我到医院去找曾经为拉凯夏治疗的儿科医师。拉凯夏入院那天，医师将烫伤记录为意外事故。这位医师努力想要辩解自己为何做出这一判定，他说拉凯夏的双手没有受伤可能是因为她在浴缸里滑倒的时候，双手举高要母亲把自己拉出来。不过他也承认，那天拉凯夏入院检查的时候，他没有评估她全身的伤势，因为她已经从头到脚都被用纱布缠起来了。

想到这个医师告诉警方此案可能是意外，我搭公交车回家时一路上都感到心烦意乱。对我来说，如果拉凯夏是在浴缸里滑倒的话，立刻将双手向后或向下支撑是一个反射动作。我回到家时，发现丹尼还醒着，决定试试看我的想法是否合理。我带着这个穿着全套睡衣的小男孩到卧室里，把他抱到离床几十厘米高的地方，然后松手，他的双手马上就从身体两边向后伸。丹尼这孩子当然爱极了这个实验，“要，”他一边大笑一边说，“要，要！”

我又抛了一次，这次他已经有心理准备了，可双手的反应还是一样。“要，要！”每一次丹尼的双手都会做出一样的反应。如果他是被丢入热水中，双手就一定会烫伤。那个儿科医师真是大错特错。

我用力抱了抱丹尼，谢谢他担任我的研究对象，而他还想继续玩。托马斯在厨房里做晚餐，所以，我继续跟丹尼多玩了几次。那天晚上，我让他跟我们一起睡，到天亮都没有把他抱回他自己的床上。

2003 年 1 月中旬，我在布鲁克林家庭法庭上跟拉凯夏的母亲相见，当时我还怀着莉雅，已经 6 个月了。开庭之前先举行了一场听证会，目的是决定拉凯夏的 3 位手足的去向，纽约市儿童福利局想要将 3 个孩子从母亲身边带走。那 3 天中，我都以专家目击者的身份，站在法庭上描述死去女孩的遗体状况，告诉大家那个她再也没机会说出口的故事。

法庭很小，只有两排椅子面对着法官席，有一道像是 20 世纪 70 年代的教室里才有的丑陋矮隔板把双方律师和观众席分开。儿童福利局的律师泰瑞尔·伊凡斯先缓慢地讲述我的检验结果，之后是重要的环节：死亡原因是“全身 80% 的皮肤遭受Ⅱ度和Ⅲ度烧烫伤，包含头部、躯干和四肢”。死亡证明书上“创伤肇因”这一栏，我写的是“浸泡于热水中导致”。根据创伤的位置和程度，我判定死亡方式为凶杀。

拉凯夏的母亲有张圆润的脸，搭配着好像终其一生都很苦恼的表情。她穿着一身休闲服，跟律师坐在辩方那端，正对证人席的位置。她一次也没抬起头来正眼看我。她自己的母亲一身打扮无懈可击，披着一件五颜六色的披肩，还别了一枚老气的银色胸针，就坐在她正后方的观众席上，我站在证人席上的每一分每一秒，老太太都用那双绿色的大眼睛死盯着我。

代表拉凯夏母亲的律师开始交叉询问。他是个个子矮小的男人，一身廉价的西服,搭配一条聚酯纤维的领带和一双严肃的黑色休闲鞋。他一开始就要求把拉凯夏的整份医疗记录列入证物中，这让我吃了一惊。但是这要求没有遭到反对，法官于是叫艾利司先生，也就是这位年轻律师开始问我关于医疗记录的事。艾利司先生花了不少时间要我念出救护车报告、急诊室诊疗表和医疗人员的笔记，每一份文件对于烧烫伤程度和面积比例都有不同的数字。我照念了这些记录，并且解释Ⅰ度烧烫伤、Ⅱ度烧烫伤和Ⅲ度烧烫伤的定义，以及这些烧烫伤随着时间推移会出现变化，所以，不同的医疗人员会做出不同程度的评估。最后我们终于讲到浴室里究竟发生了什么事，艾利司先生请我重述我在做出最后判定前听到的说法。“我没办法回答这个问题，因为我不知道你说的是哪一段。我听到很多种说法。”我回答道。

这时法官介入了，“梅勒涅克医师，你何不把听到的每个版本都讲来听听。”我从救护车的部分开始说起：孩子的母亲告诉急救人员，拉凯夏独自在浴缸里，且自己打开热水的水龙头。接下来是她告诉医院的儿科医师的说法，基本上跟前者差不多，不过这个版本中提到莲蓬头也开着。然后我提到拉凯夏对医院里的护士说的那些话，这部分我直接将医疗记录中的护士笔记念出来。

“昨天我不乖，所以妈妈把我放进浴缸里。”

“抗议！”艾利司先生大喊，只差没有整个人跳起来。

“艾利司先生，这份陈述是经你要求列入证物的医疗记录的一部分。”法官指出，“梅勒涅克医师，请继续。”我照做了，接下来提到在纽约市警局调查时提供给我的 DD5 记录内容（警方更新后的报告），还有警察后续跟拉凯夏的母亲和其他兄弟姐妹的谈话记录。等我说完，我觉得法官已经很清楚这些说法之间的出入有多大。

休庭时间是 11 点半，我已经在证人席上站了 2 小时，大多数时间都在接受交叉询问。我对于自己的证词还算满意，但是因为怀孕的关系，整个人饿得不行，于是和泰瑞尔到转角的比萨店吃了块比萨。

第二天早上 9 点，我再次站上证人席，接受交叉询问。当艾利司先生问到受伤的位置，他把重点放在我的笔记中说到的创伤处有“清楚分界线”这部分。

“难道有人能够光是用手就把孩子提起来，放进浴缸里？”

“你需要我表演一次吗？”我问道。

“需要。”

我望向法官，法官点点头。

“你没有娃娃或是人形模特吗？”我问艾利司先生。

“没有。”

“我可以用我自己的身体表演吗？”我问法官。

“可以。”法官答道。

于是我走下证人席，缓缓走向双方律师桌前、法官台前的位置。我躺成胚胎的姿势，背贴地，两手靠在一起举在胸前，大概比我怀孕的肚子还高一点。“这个姿势就能表示浸泡烫伤的位置是如何产生的，”我开始解说，“如你们所见，我的背部和臀部都依靠在温度相对较低的浴缸表面，这就解释了为何这些位置的伤痕没有其他部位那么严重。我的双臂紧贴在我的胸腔两侧，大腿和膝盖稍微弯曲。当皮肤与皮肤接触的时候，热水就无法侵入。这就是腋下、大腿皮肤褶皱处和膝盖后方没有被烫伤的缘故。”我停顿了一下，喘了口气，然后把手臂再稍微抬高一点。“你们现在可以看见我的双手已高过水平面，因此，会在手腕上形成烫伤范围的清楚分界线。”

“请记录员记下，证人躺在地上，双手高举在胸部高度，背部和臀部接触地面。”法官对法庭记录员说道。

泰瑞尔发言：“是否也可以记录下，因为她的膝盖和大腿略微弯曲，所以，她的双脚是离开地面的呢？”

“可以。”法官说道。然后我们全都望向记录员，我的双脚还朝着她的方向，她点点头。

我挣扎着坐起身。泰瑞尔向前一步，伸手扶我。我闷哼一声，起身后马上揉着背。我看起来一定十分装模作样，但其实在整个孕期中我一直饱受背痛之苦，在坚硬的地板上滚来滚去，可是一点帮助也没有。我就这样站在小房间中央，这下我的大肚子突然成了所有人的目光焦点，我发现自己正好就站在拉凯夏的母亲面前。她在我示范的过程中显得越来越坐立难安，现在简直是怒气冲天。接着她突然起身，走出法庭，一边喃喃说着要去洗手间。

“艾利司先生，请控制一下你的委托人。”法官命令道。

“她要去一趟洗手间！”律师回答道。法官要求记录人员在描述中写明拉凯夏的母亲离开现场这一举动。拉凯夏的外婆这时再次用匕首般的眼神直瞪着我。我不介意，我明白她为何这么生气——她相信自己女儿的说法。但我的职责就是要让她知道真相，真相也已经明明白白写在拉凯夏烫伤的皮肤上了。

整件事最后的结局很糟糕。拉凯夏的母亲承认过失杀人，最后获假释离开。她没有为自己女儿的死入狱服刑过一秒。我在家庭法庭上的证词没办法让拉凯夏复生，但是我希望这能让她母亲不再伤害其他孩子，因为州政府打算褫夺她的监护权。我做的所有努力，也只能达到这个效果。我直至最后都不知道法院如何裁定还活着的 3 个孩子的监护权。

拉凯夏的凶杀案让我学到一件事，那就是母亲这个身份对于我的工作也是件有帮助的事。如果在鉴定案件中出现类似的状况，我可以相信自己的母性直觉和经验。我知道一个 4 岁大的孩子会有什么样的反应；我知道如何辨认孩子身上的伤口是粗心大意的结果还是遭受虐待所致；我知道一个不讲理的小孩有多令人心力交瘁；我还知道身为一个母亲，即便只要照看一个孩子，也需要极大的自制力，更不用说家里有 4 个孩子会是什么状况了。

但我也明白，拉凯夏会被烫伤致死，并不是她的母亲一时冲动所致。拉凯夏母亲的行为是要处罚这个小女孩。她在浴缸里放了至少 15 厘米深的水，然后把小女孩丢进热水里，压住她，让她出不来。我不认为她是有意要杀死自己的女儿,但她绝对是故意要伤害拉凯夏。

我老实地完成了自己的工作，尽可能帮拉凯夏把话都说明白了。在乘坐 A 线火车从布鲁克林的法庭回布朗克斯的家时，我一直无法摆脱一个想法，就是拉凯夏的母亲之所以不敢直视我的眼睛，是因为我是世界上唯一知道她对拉凯夏做了什么事的人。我怀疑她对自己的母亲撒了谎，也许她自己也没有面对事实。我知道她骗了急救人员、医师和警方，但是她骗不过我，因为我亲眼看到了拉凯夏身上那些有预谋的暴力伤害，而且遗体永远不会说谎。

我想马上见到我儿子，想得心都痛了，也许看着他在游乐场跑来跑去会让我舒服点。但是那天晚上跟托马斯一起坐在公园长椅上的时候，我抚着凸起的肚子，满心只觉得疲惫、气力耗尽，有强烈的无能为力之感。我唯一能做的事情就是向自己保证，也向丹尼和还在我的子宫里的莉雅保证，我绝对不会做出伤害他们的事。

我先生认为，没有任何死法能被称为“好的死法”，我何尝不明白。拉凯夏的死法很糟糕。加西亚也是，还有被蛋卷搅拌机压死的加林多。吸毒的杰瑞——被吓得半死之后经历玻璃刺伤、烧伤，最后坠楼，把自己的五脏六腑摔了个粉碎时意识还很清醒——的死法非常糟糕。

总是有人问我：“你看过最糟的死法是什么？”我会回答：“你不会想知道的。”不过还是有那么几个人会一直逼问我，且坚持他们真的想知道。所以，就来说说吧，我见过的最糟的死法。

艾伦·肯尼特警官带着一具遗体来到验尸房，在我拉开黑色聚氯乙烯尸袋之前，他先告诉我整件事的前因后果。肖恩·道尔是一家餐厅的调酒师，他在周五晚上下班后，跟朋友迈克尔·莱特和莱特的女友出去喝酒。清晨时分步行回家的路上，道尔突然说了一些让他朋友很不爽的话。“莱特认为道尔在调戏他女友，勃然大怒，”警察说道，“他的块头可不小。”两人从大声互骂变成大打出手，虽然莱特的女友后来宣称两个男人只是“在闹着玩”，莱特后来向警方形容这场争斗为“一阵打闹”，不过肯尼特警官还是听了911通话录音。

“楼下有人把一个男的打得半死！”一位街坊告诉接线员。街坊的丈夫接过电话，表示听见一名男子大声呼喊“不——不要打断我的腿”。警方后来问过几个目击证人，他们都表示看见“一名壮汉猛揍一位身材瘦小的男性”。其中一人告诉附近大楼的警卫：“我都看到了——他把那男的扔进了烟囱！”

塑料材质的烟囱套在开放的入孔上，爱迪生联合电气公司（爱迪生公司为美国最大的民营能源公司，通过旗下子公司进行电力、天然气、蒸汽输配业务。——译者注）修缮的时候，还能让蒸汽从开口处往外散去。地面与地下蒸汽管道中的滚水之间，有 5.4 米的距离。爱迪生联合电气公司的主管跟现场法医鉴定小组谈话时表示，道尔坠落的地方温度高达 300℃。警方和急救人员很快就抵达现场，但是他们无法救出道尔。他们必须等爱迪生联合电气公司的人先把管道关闭才行，即便关闭后，救援人员进入高温管道还是太危险。爱迪生联合电气公司的人抵达现场时，道尔还没死，法医鉴定小组的报告中这样写道。他们说他在底下弓着背，向他们伸出手，不停地惨叫。

他们花了 4 小时才让尸体重回地面。法医鉴定小组人员在装袋前测量了尸体温度，这是高温致死事件的标准程序之一。温度计上显示 125℃，报告中写道：“实际温度可能更高，不过现场测量温度计最高只能量到 125℃。”

道尔的尸体摸起来质感很像皮革，全身扭曲，表面因为布满水珠而闪闪发亮。他的双手、双脚、肩膀和双腿上的表皮层都剥落了。他的嘴巴变成一个由黑色的烧伤组织形成的 O 形，双眼混浊，全身上下每一寸皮肤都是鲜红色的。躺在我的验尸台上的男人像一只龙虾一样被彻底蒸熟了。

“他为什么是那个姿势？”在一旁观察验尸过程的肯尼特警官问道。道尔的膝盖弯曲，臀部向内收。

“这叫作拳击者姿势。高温让长条肌肉收缩，导致手臂和双腿蜷缩，有时甚至会让骨头断裂。”

“怎么会这样？”

“你煎牛排的时候，牛排会缩小对吧？”我说，“差不多是同样的意思。”

“噢。”肯尼特露出凶杀案警察获得新知识时会出现的表情，点点头。

道尔身上在高温下收缩的肌肉没有让他的骨头断裂，他从入孔跌落的时候也没有摔断骨头。除了被狠揍一顿，然后从 5 米高的地方跌落以外，他身上没有什么严重的钝性伤，没有内出血，完全没有头部创伤。我真希望自己能发现头部创伤。一想到这个男人在意识清醒的情况下承受了我眼前这身高温烫伤，我就很难继续专心验尸。我看不出他身上是否有瘀伤，因为可以显示创伤痕迹的组织已经全都被煮熟了。我找不到任何擦伤，因为他的皮肤表面大部分已剥落。他的肝脏不像正常肝脏那样处于充血状态且呈红色，也没有因为大出血而显得苍白又干瘪。他的肝脏呈棕色，摸上去硬邦邦的。他的心脏、肾脏、脾脏和其他脏器也都一样，就连大脑都被煮硬了。静脉和动脉都变成了“香肠”。

Ⅲ度烧烫伤会让神经坏死，但是因为这个可怜的男人是被高温蒸汽烫伤的，没有明火接触，真皮层里的神经没有受到损伤。他在皮肤被烫伤、内脏被煮熟的过程中必然承受了无法想象的疼痛折磨。

我切开道尔的气管，发现呼吸道里有泡沫样物质。在高温开始破坏肺部组织的时候，他的肺部开始充满液体，每一次呼吸都会使肺里的积水翻搅，让他越来越难以呼吸到空气。吸进肺部的炙热空气让他的上呼吸道组织受损，导致呼吸道肿胀，最终使他窒息。同时，极度高温导致的生理压力让他的血压上升、心跳加速。高温让他的大脑肿胀。这 3 种情况的任何一种——窒息、心搏骤停、高温脑水肿——都可能是死因，只要出现一种就足以致命，而遗体的状态告诉我，这 3 种情况同时都发生了。道尔的死因，是“蒸汽和沸水导致的高温创伤”。

完成验尸后，我要把案件交给赫希医师审查，于是我给他打电话。我很肯定这是一起凶杀案，不是意外。就算两个男人本来只是在“闹着玩”或“只是一场打闹”，当道尔从喷着蒸汽的入孔跌落的时候，两人确实是有肢体接触的，光这点就足以让此案成为“死于他人之手”，也就是凶杀的意思。也许这只是一件意外凶杀案，但并不代表它是一起意外事故。赫希医师同意我的看法，“只要是有意识的行为就够了。动机在凶杀案中很常见，却不是必要条件。”

替道尔验完尸的那天，我做了一场在纽约市首席法医办公室工作的两年间最可怕的噩梦。梦里很黑，我独自一人，唯一听见的声音就是尖叫声——那声音像动物在狂嚎一样，充满绝望，我一开始甚至没有察觉这是人类的尖叫声。我在梦里看见脚下有个充满蒸汽的大坑洞，道尔就在里面对我尖叫，求我救他出来，但是高温把我逼得直往后退。在我感觉到热气的同时，道尔的尖叫声变得更加惨烈，他的哀求变得更加凄厉，好像我们心灵相通。我完全明白他在底下经历的是什么感受，他的身体，从里到外，每一寸皮肤都被高温蒸煮。我明白那代表什么，但是我束手无策。这样的噩梦我连续做了数周之久。

我在纽约工作期间，总共接手了 27 件凶杀案验尸。这些案子改变了我，我学会使用警察的思维来剖析验尸过程中的发现。我目睹了一些人加诸另一些人身上的暴力造成的结果——不论手段凶残与否，不论是出于无心还是经过算计。

6月中旬的某一周，我调查了3件谋杀案，3位死者都是在家中遇害。其中一起是一位瘾君子，被来家里一起吸毒的朋友拿刀捅了9次后割喉。另一起案件是一位再过几年就满100岁的老太太被用电线勒死。最后一起是一位患有精神分裂症的女性遭到抢劫，被勒死后又被刀刃刺伤胸腔和颈部。

那周结束后，我觉得自己需要放一天假。托马斯和我把丹尼交给我母亲照顾，然后我们一起去朋友位于上西区的家中参加午餐聚会，接着去看了场电影，最后一起吃晚餐。托马斯因为思念洛杉矶的生活，挑了一家咖啡馆风格的墨西哥餐厅，在这里，客人先在柜台点餐，然后自己找空桌坐下。我们还在排队聊着电影的时候，排在我们前面的一位男子引起了我的注意。他的身材很高大，至少有1.88米，二十五六岁，理了个小平头，两个耳垂上分别戴着个一分硬币大小的黑漆制耳环。他上臂的刺青，我曾在瘾君子身上看到过，这种刺青是为了掩饰针眼用的。其中一些刺青我认得，是监狱的图样。不过真正让我大吃一惊的是这男人的脖子，他的头颅底下有一道完美的圆形伤疤，就在中线偏左的位置，还有一条笔直的、已经完全愈合的手术瘢痕，一路延伸到他的颈椎部位。

“头骨钻洞”先生的故事就这样在我的眼前一清二楚，仿佛他是我的验尸对象一样。这个男人不久前曾不知为何被某人对着他头部后方小心翼翼地开了一枪。根据伤疤的粗略直径，我判断这个枪手大概是用一把点二二或是其他小口径的武器近距离发射。这一枪的力道让这个男人倒地，甚至失去意识，但是子弹卡在厚厚的头骨末端，没有射穿。有一个医术高超的外科医师帮他把子弹取出，止住了血，救了“头骨钻洞”先生的小命。我甚至可以看到延伸到脖子上的瘢痕两旁有清楚的手术缝合用吻合器留下的小孔。

选座位的时候，虽然还有很多空位，但是“头骨钻洞”先生就选择坐在我们旁边。他吃得很急，吃完后就坐在那里什么事也不做，慢慢地喝着一杯外带的汽水。他看起来像是在等什么——他待得越久，我就越担心。

我们看起来一定是一副傻观光客的模样。刚刚在柜台结账的时候，托马斯不像平常那样马上就拿出钞票利落地付账，而是慢手慢脚凑齐了正确数字才把钱交给服务生。整顿饭的过程中，我们都在大声地讨论着夏日里整天在曼哈顿散步、逛街有多么舒适宜人。托马斯身上穿了一件夏威夷衫，我则是一身花洋装。

当我先生还活像刚从乡下进城来，滔滔不绝地讲着电影院的环绕音响有多好的时候，我在餐巾纸上潦草地写下了几个字：“你左手边的男人头部曾经遭枪击但侥幸没死（看他的疤）。他在观察我们，搞不好还跟踪了我们。”托马斯看完纸条，假装在找洗手间一样地环视四周，在他评估完“头骨钻洞”先生后，给了我一个忧心的表情。托马斯咬了一大口墨西哥卷饼，我们俩都默默无语。在把口中的食物吞下去之后，他换了个话题：“亲爱的，你知道我们在哪个辖区吗？”他问我，语气轻松，音量不小。

“不知道。”我不知道他想做什么。

“我只是在想这里是不是 14 区。昨天那个男的，就是弗格森警官调查的那个，不就是从 14 区来的吗？”

我突然听懂了。“不是——噢，对，你说对了，弗格森就是在调查 14 区，但我想这里应该是 10 区。我其实并不特别在意案件是哪一区来的，除非是凶杀案。”

最后一个关键词从我口中说出的时候，我听到椅背匆忙往后推开的声音，跟踪我们的人经过我们身旁，头也不回地走出了店门口，连饮料也没带走。

一开始托马斯和我还对于诡计成功感到又惊又喜。等到惊喜的感觉褪去，我们俩都觉得吓坏了。“也许只是巧合吧。”托马斯显然也不相信自己说的话。我们等了几分钟，等到确定看到有空出租车停在路口的红灯前时才离开餐厅。我们本来打算搭地铁回布朗克斯，但现在一致认为挥霍一笔出租车费也没有关系。

PART 8

不是你的错

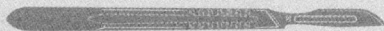

报警的人是房客。她看到房东的车子就停在屋外，而主卫生间的门却反锁着，这让她觉得不妙。警方撬开反锁的门，发现梅纳赫姆·梅勒涅克把电路延长线绑在浴帘杆子上自缢而死。我父亲有过一次自杀未遂的记录，那次是企图服药自杀，我们都知道这件事。而自杀成功的这一次，是在 1983 年 4 月 13 日。

母亲的朋友鲁思告诉我这个消息时，我的反应是大笑。我笑得停不下来，连自己也不知道原因。我回到自己房间，坐了一会儿，然后又回到厨房，母亲就坐在那里低声啜泣。但我完全哭不出来。我问鲁思为什么我会大笑，她告诉我这是极端歇斯底里的反应。倒也合理，但我还是一滴眼泪都流不出来。当时我 13 岁，常常为了鸡毛蒜皮的小事掉眼泪，但是父亲自杀后我只感到彻底的麻木。

追悼会上来了好几百人，人山人海，仿佛他在雅可比医院任职的 7 年中教过的每一个精神科住院医师都到场了，他曾经轮调过的几家医院的同事全员出席，还有他私人诊所开业后接诊过的每一个患者也都在场。我八年级的全班同学都来了，现场有 40 多个孩子。仪式结束后，父亲的好几个患者都来告诉我，父亲曾经如何帮助了他们。他们说，父亲是个很棒的人。而我在追悼会之前一次也没见过这些人。

前往葬礼现场的路上，母亲提醒我，大家告诉爷爷奶奶，他们的儿子是死于心脏病，我不可以跟大家说辞不一。她从没要求我说谎，但是她告诉我，爷爷奶奶是长辈，承受不了这样的事实。其实我怀疑爷爷奶奶从来没相信过心脏病的说法。这事让他们太过哀痛，他们后来好像一直没有从父亲去世的阴影中走出来。

有人把父亲的相片洗了好几张，装裱起来放在爷爷奶奶家中各处，那照片上是父亲一脸沉痛但又勉强微笑着的模样。我之前从没看过这张照片，但照片是近期拍的，我心想这勉强的笑容想必是因为他想让自己看起来好看点，然而他心里明白，这照片会被拿来做什么用吧。他早就计划好要寻死。在动手之前的一两周，他告诉我他的遗嘱放在哪里，他说："只是怕万一我遇上什么意外。"他把遗嘱藏在走廊的一处橱柜里，这地方以前是我们家的小升降梯。要打开橱柜的门，得先把一幅画移开。父亲死后，母亲和我打开这扇门，却没有看到遗嘱，只有几份文件，还有一个小小的皮革盒子，里面装着药水瓶，瓶子里面是透明的液体，我觉得看起来像是注射型药物。母亲把东西给扔了。

遭遇自杀事件的生者分成两种：一种是对事件绝口不提的人，一种是能够自在地侃侃而谈的人。我属于第二种。我由衷地相信将自杀视为禁忌话题只会导致更多的自杀事件。我在医学院接受的基于现代科学和社会学理论的培训，让我对此看法深信不疑；担任法医病理学家之后的工作经验，也使我的信念得以强化。

你可能会认为跟自杀者的家属交涉是很困难的事，但其实不是。他们通常对于我的工作都会表现出支持的态度，甚至带着感激的心情。这些人之中有许多人当时就接受了这个事实，有些人甚至表示他们并不意外——这只是长年与精神疾病奋战的最后一次战败。但有些家属永远无法接受法医的判定，不相信他们深爱的家人是死于自杀。赫希医师告诉我们，曾经有个女人每到她十几岁的儿子自杀身亡的忌日，就会打电话给他，15 年来从未间断。每次她都在电话中哀求他将死亡证明书上的死亡方式由自杀改为意外。这个孩子是上吊死的，而自缢现场是最能直接判定为自杀的现场。要把自己吊死需要预谋和计划。我父亲必须先绑好一个绳结——他搞不好得先去学，然后还得练习，再把绳子固定好，绳圈挂上脖子后拉紧，然后把自己的重量转移到绳子上。这不是一不小心就能够做到的事。这个痛失爱子的女人，她的儿子也不是意外吊死自己的。

自缢案件中的验尸证据都很直接。死者脖子上会有一个绳结的痕迹，沿着喉咙往耳朵的方向延伸。因为地心引力的关系，血液会堆积在手臂和双腿的位置，让这两个部位严重发紫，出现像长筒袜和手套的黑青色范围。如果死者的脸部颜色比躯干浅，表示绳结绑得比较紧，截断了血液通往头部的途径。这种情况下，死者可能几秒内就失去意识了。如果死者的脸部涨红发紫，眼白和牙龈出现血点，表示绳结虽足以阻止血液从颈静脉回流，但是不足以阻止颈动脉把血液输送到头部，因为颈动脉位置比较深，比较难被压力阻断。在这样的情况下，死者可能会挂在绳结上挣扎几分钟，先昏厥后才死去。如果绳结压根就没绑好，它就不能阻断任何血流，但会让舌头抵住上腭，让自杀者以一种缓慢、像被噎着一样的方式缺氧而死。真正能够像专业刽子手一样让人颈部折断吊死的自杀案例实为少数。

“这不合理啊。”我常常从自杀者的家属口中听到这句话。自杀的本质就是一种自我毁灭的行为，一个身心健康的人是很难理解的。我常常看到有人决定这样了结性命——因为一时冲动，做出无法挽回的致命决定。“不合理也是正常的。”我只能这样告诉那些家属，有时候我会告诉这些生者关于梅纳赫姆·梅勒涅克的故事——一位优秀、成功的专业人士，同时也是一位尽责的父亲，却决定在 1983 年于自家浴室上吊自杀。虽然我于公于私都非常了解父亲是怎么死的，但我永远不会知道背后的原因。如果你问我，我会说自杀真的是一个自私至极的行为。

在纽约，人们自杀的方式虽然有很多种，但是某些现场的重复出镜率真的很高。2001 年夏天到 2003 年之间，我在纽约工作，这段时间里，纽约马奎斯万豪酒店的天井不幸成了自杀者的热门选择。酒店的前厅有一座宛若大树般高耸入天的电梯，“树干”里有 12 部玻璃电梯上上下下。在较高的楼层中，设有横越天井的信道，信道的栏杆能让人从好几十米高度向下望。现在那信道的栏杆已经无法翻越，但是在当时是可以的。

我曾接手一起案件，那是一名 36 岁的男子，库尔特·鲍尔斯。他在跨越 43 楼的信道栏杆之前还留下了遗书。我的验尸报告中得标注“四肢彻底分离”，这表示遗体送到我这里来的时候，四肢已经与身体完全分离了。鲍尔斯的左脚和右手臂掉在 11 楼，他的左手臂和右腿掉在 7 楼走廊地毯上，彼此相距数米之远。他的头骨部分落在电梯井里。剩下的部分全都掉在 4 楼，除了大脑。我收到尸袋的时候，他的大脑还下落不明，现场调查员仍在一层楼一层楼地搜索大脑残片。验尸过程中，我发现他体内所剩的内脏全都四分五裂，这表示鲍尔斯一定是在坠落过程中撞击了数个物体表面后才落地。

4 个月后我又接到一起地点相同的自杀案件。这个男人留下一段神秘的遗言，内容是："玛丽，那老家伙简直要把我生吞活剥，我再也撑不下去了。"他在 23 楼翻过栏杆。他的左腿最后掉在 10 楼，支离破碎的躯干掉在 9 楼。我怀疑这些人以为自己会优雅地坠落，最后以一记戏剧性的巨大声响配合身躯降落在一楼大厅的景象作结。但是我目睹的遗体，都是在坠落过程中像弹珠台里的弹珠一样，沿途撞上大楼里好几个突起处，每一次撞击都会对人体造成不一样的伤害，不但一点都不优雅，还会伤害那些目睹过程的房客、看守现场的警官和清理残局的酒店工作人员。

纽约市有不少大桥和河道，我处理过的大多数浮尸往往是跳水自杀的死者。我接过一位四五十岁的男性无名尸，被人发现在上城区的东河里，他的遗体道尽了一个凄惨的故事。我知道他的死因是溺死，因为他的肺里有水，不仅如此，他还曾经历过一连串的创伤，全都不是近期发生的。他的一条腿被从臀部截肢，另一条腿则呈萎缩状。他的骨盆曾经破碎过，但是后来已经愈合，小肠上则满是多次手术后留下的瘢痕组织。验尸中拍的 X 线片显示他的中背部卡着一颗子弹，虽然他身上没有近期枪伤的痕迹，只有瘢痕，而且为数不少。

我们最讨厌旧枪伤的子弹，这会让我们将案件误认为枪杀，有时这种案件中，要把子弹从重重的瘢痕组织中挖出来也没那么容易。这颗子弹卡在第九节胸椎中，在很久以前就造成我手上这具无名尸下身瘫痪。“现场某处一定有一把轮椅和一封遗书。”摄影师边拍边猜测。

“有可能。但他也可能是被某人淹死的，或者是他喝醉了，结果不小心跌落码头。总之，除非能查到他的身份，否则这绝对会变成一起死亡方式无法判定的案件。”

“你觉得会有人来指认吗？”

“会的。一定有人会想念他的，我打赌。”

10 天后，布朗克斯养老院的医疗部主管来电，他告诉我浮尸的名字是霍华德 · 巴尔莫，是他们机构的一位住客。“巴尔莫很安静，但是并不忧郁。我担心他是被人所害。若能拿到通行证，他每天都会到赌场贵宾室去消磨时间。我没有阻止过他，因为他说过自己只是小赌怡情，而且他看起来也不曾为此惹过什么麻烦。但是现在我开始有点怀疑了。”

“他服用过任何治疗精神疾病的药物吗？”

“没有。”

“他表现过自杀倾向吗？”

“没有，我到处问过了，包括员工和其他住客，没有人听他说过自杀的事。”

“过去也没有自杀未遂的记录？”

“没有。”

医师没骗我，但是他并不知道过了几天后才浮现的事实真相。隶属东哈林区二十五分局的瓦斯奎兹警官在电话里告诉我，他去拜访了巴尔莫的每一个密友，并且在码头区四处寻找轮椅的下落，但是什么也没找着。他得知巴尔莫是个酒鬼，平时会喝得烂醉到跌落轮椅的程度。“他在养老院的室友和其他我谈过话的对象，对他的评价尽是赞美。他唯一的缺陷看来就是爱喝酒和喜欢小赌，仅此而已。他会用通行证去赌场喝醉，然后把那周剩下的零用钱花在赌博上，结束后就回家了。就这样，他一直都是这样过日子的。”

“他借过高利贷吗？”

“没有赌博欠债的记录。大家都知道他的兴趣，而且没人觉得有担心的必要。就连贵宾室里的常客也都说，如果看到他，他们都会注意他的状况。我拿出照片的时候，每个人都认得他。”

我听完后觉得这些描述不像是自杀，喝醉到跌落轮椅这种习惯可能会让死亡方式偏向于意外致死。这时候如果是其他警察，应该就会停止调查了，可是瓦斯奎兹决定继续深入了解。巴尔莫搬进养老院之前，曾有过一位室友汤姆·帕克。帕克告诉瓦斯奎兹警官另一个版本的故事。1997 年的时候，巴尔莫酗酒加上服药过度，被送到急诊室洗胃。1998 年冬天他曾想把自己饿死。当时他自己一个人住，但在他失联几天后，帕克跑到他的住处看他是不是出事了，结果发现他在公寓里，所有窗户都打开，他全身赤裸地昏倒在地上。这两次都是帕克把他送到医院去的。

帕克也告诉警察他的朋友是如何获得那颗纪念子弹的。根据他的说法，巴尔莫 25 年前有一次企图持枪抢劫，但是受害人夺走了枪，并且开枪射中巴尔莫的脊椎，他因此瘫痪。帕克还告诉警察，他一度有点担心巴尔莫，因为巴尔莫告诉他，如果发生了什么意外，社会福利补助金的支票可以给他。巴尔莫也对养老院的室友提过自己的所有物可以全数给帕克一事。不过没有人觉得他有抑郁的症状。除了帕克以外，大家对这件事都很惊讶。瓦斯奎兹警官想要找出遗书，但是最后无功而返。这件案子中，瓦斯奎兹警官非常仔细认真地完成了警方的职责，我告诉他我很感激他这么尽责。

我很感谢他的努力，但是最后这些努力仍无法帮助我判定死亡方式。巴尔莫的毒理学报告结果显示，他体内的酒精浓度高得爆表。就算他是长期饮酒的人，这么高的酒精浓度代表他死去时也一定是醉醺醺的了。如果行动被限制在轮椅上，要跌入东河也不是件容易的事。我觉得应该是自杀，但是也不能完全排除凶杀的可能性，于是最后我将死亡方式判定为原因不明。我在下午的会议上问过同事的意见，他们也都同意我的看法。“搞不好轮椅也在河底。”弗里曼说道。我想他是对的。

从技术层面看，自杀案件的验尸通常都直截了当。有时我们会遇上伴装成自杀的凶杀案，但是杀了人想脱罪，这么做可不容易。人的求生意志是很强烈的，凶杀组的警察熟知如何判别现场是否符合打斗致死的情形，我则会从遗体上找出挣扎的迹象。如果是下毒，我还有毒理学报告可以作为佐证。要判定一起死亡案件究竟是自杀还是意外，这跟死亡现场的调查息息相关。

法医会花很多时间把警方和家属提供的说法拼凑在一起。通过遗书通常能找出明显的动机。任何刻意安排的行为——如上锁的公寓、绑得很结实的绳结，或是一张被拉到墙边让死者可以爬上高处的椅子——都能排除意外的可能性，却不一定能排除凶杀的可能性。冲动自杀对我而言最难处理，因为这种案件是家属最难以接受的。这种情况永远都没有遗书，过程中往往涉及与家人发生纠纷，而且死者常常是因为喝醉或受药物影响才大胆行事。

爱德华·伯格斯和女友劳拉这对关系并不稳定的情侣在万圣节前的某个晚上吵得不可开交，伯格斯威胁着要自杀。吵架过程中，两人发生肢体冲突，伯格斯把一条绳子的一端绑在脖子上，另一端绑在水管上，然后就从厨房窗户跳出去了。绳子承受不住重量，他从 5 楼跌落，全身多处骨折，包含头骨在内，内脏也四分五裂。他的肝脏碎成数片，肾脏的下场也是一团糟，大肠也一样。伯格斯全身有多处钝性伤，整体状况看起来都符合从十几米高度跌落的结果，这也正是厨房窗户的高度。遗体的状态与其女友告诉调查员的说法相符，所以，我在当天就将死因判定为自杀并结案了。那天我还有另一起钝性伤的案件，死者是一名建筑工人，他搭乘友人的车，发生车祸时因未系安全带致死。当天下午我还花了 20 分钟跟沃德太太通电话，再次告诉她不新鲜的寿司没有害死她那吸毒过量的儿子。

几天后，我还在为了沃德案、邮车凶杀案、建筑工地挖出来的遗骨、早产儿死亡案和其他几起心脏病致死案件忙得焦头烂额，伯格斯的姐姐来电了。她坚信死因不是自杀，而且表示是劳拉，也就是那位女友，把伯格斯推出窗外的。“如果他是先被痛打后再被推出窗外，你在遗体上看到的东西不也一样吗？”

“其实不一样，”我告诉她，“如果是你说的那样，遗体上就会有挣扎的痕迹，如与坠楼无关的瘀青和指甲抓痕。”

“你怎么确定她没有逼他跳楼？”

“你弟弟比他女友还重 20 千克。”

“她块头也很大啊，而且很暴力。说不准现场还有其他人帮她，只是我们不知道而已。她有个朋友，警方不愿意去讯问他。你怎么能肯定不是他杀了伯格斯后把尸体抛出窗外，伪装成自杀？”

“的确可能会有人把尸体抛出窗外伪装成自杀，但这件案子不是如此。”我告诉伯格斯的姐姐。

“但你怎么确定？”她坚持要问。

我停了一下，然后小心地选择了精准的临床用语。“验尸过程中可见非常强而有力的证据，证明伯格斯不是死于公寓中。”我希望她能听出我没说出口的意思，“你不会想知道我是怎么确认的。”

结果她没听懂那暗示。“具体是哪些‘证据’？”伯格斯的姐姐紧咬不放，逼我不得不说出血淋淋的细节。

“你弟弟断裂的肋骨造成许多脏器穿刺伤，这些脏器四周都有流血的迹象，意思就是当他落地的时候，他的心脏还在跳动。”

电话的另一头一阵静默。在那静默之中，我真心讨厌起自己的工作来。但是伯格斯的姐姐太顽固了——对正在经历悲伤过程中否认阶段的她而言，这只不过代表劳拉和那位神秘友人在伯格斯还活着的时候逼他跳出窗外。“劳拉的说辞不停地改变。”她说。显然劳拉在伯格斯死前几天喝醉了，告诉朋友她跟伯格斯大吵了一架，然后她朝他的脸上来了一记重击，打得他鼻血直流。“我记得他那天晚上打电话给我，说他在流鼻血，他觉得鼻梁可能断了。她用一把吉他打他，然后夺门而出。”我告诉她，我验尸时检查过她弟弟的脸部骨骼，他的鼻梁没有断。

我一边接电话，一边重新回顾我在验尸过程中画下来的遗体示意图。伯格斯的创伤几乎全都是平面创伤，表示他落地时只受到单一方向的撞击力。如果他是先与人打斗才坠楼，那我应该会看到多重撞击面导致的创伤。“伯格斯有没有自杀未遂的记录？”我问他姐姐。电话另一头沉默了一下。

“嗯，之前有个前女友曾告诉过我，他们吵架的时候，他在脖子上绑了绳子说要上吊自尽……”

这让我心中的疑惑全都一扫而空，这件案子就是自杀。伯格斯的姐姐没有像我一样看过犯罪现场报告，她不知道当他跳出窗外时，脖子上就绑了条绳子。现在我知道死者的死亡方式跟之前相同，在相同的情况下使用相同的方式，我认为她有权知道为什么我能这么确定这起案件是冲动自杀。我试着强调自己不是在否决她的质疑，并告诉她我怀疑这次事件中，应该也少不了药物的影响。几个月后毒理学报告出炉，果真显示死者当时体内含有酒精、可卡因和 K 粉（一种“派对”毒品）。警方总是喜欢说：“自杀过的人，永远会选择自杀。”这句话既冷酷又悲观，但往往也是对的。

我只去过一次自杀现场，是在我跟着法医鉴定小组进行现场培训的时候。那天是我前往埃里科 · 拉法尼诺死亡现场的第二天。接到叫我们去曼哈顿中心的一栋高层公寓大楼的电话后，我就跟在一位叫作乔的法医鉴定人员身边。一位任职于日企的商业精英在他那邻窗的办公室里，用小刀割腕后又划破自己的喉咙右侧，了结了生命。那地方很美，所有东西都是崭新的，看起来也很昂贵，窗外能看到邻近的摩天大楼之间闪着银光的哈得孙河。

死者躺在地上，旁边是摆在办公桌旁的垃圾桶。他看起来三十五六岁，穿着一条昂贵的西裤，衬衫扣子还扣着，但领口打开，袖子向上卷。西装外套和领带整齐地挂在办公椅的椅背上，垃圾桶里有一只抗抑郁药的空瓶。他身上和地板上都没有太多血迹。虽然伤及动脉，他还是先跪在地上，让血流在垃圾桶里，数分钟后才死去。

这名死者桌上有张照片，是一位穿着芭蕾舞裙的少女。桌上有张纸条，但因为是用日文写的，现场没有人看得懂他写了什么。有个很有事业心的警察想起路口就有间寿司店，于是我们把纸条拿到店里问店员能不能现场帮我们翻译。

“对不起，我无法完成这份工作，”寿司师傅念道，一手拿着厨刀，鼻梁上挂着老花眼镜。“他也向太太和女儿道歉。这个，”他指着最上面的两个字，“是他的名字，我写下来给你们。”他在警察的笔记本上用整齐的笔迹写下翻译出来的名字。我们没有告诉寿司师傅这纸条的由来，但他原本活泼的表情转为严肃的模样——我们进门时他还大声说了欢迎光临——我想他已经很清楚是怎么回事了。师傅跟我们对视一眼，然后浅浅地鞠了个躬。拿纸条来的那位警察知道鞠躬要比对方更深点，以表达谢意。上楼后，我们发现遗言是留给死者上司的。我再次看着照片里的女孩，深深感到一阵哀伤。她大概才16岁，优雅地摆出芭蕾舞姿，脸上带着闪亮、自信的笑容。

为什么我处理的自杀案件死者有这么多都是家里有少女的父亲？我在2002年4月的某一周中接连处理了两个类似的案件。周二的死者是杰弗里·霍普金斯，一位55岁的律师，有抑郁病史并且负债累累。

霍普金斯吞下安眠药自杀，留下太太、12 岁的儿子和 19 岁的女儿。周四的死者是彼得·克拉克，一位花花公子、百万富翁，面临离婚和事业问题。他自杀的方式我从没见过，那需要极其周详的计划才办得到。克拉克买了一整缸压缩氦气，然后把气缸接上防漏面罩并戴上它。氦气是无毒惰性气体，所以，他不是被毒死的，他是因为氦气取代氧气造成窒息而死。他把公寓大门从里面用链条锁上，在链条上挂了遗书，他太太回家后打不开门，遗书就在那时掉出门外。遗书上写着："我已经结束了自己的性命！请通知相关单位。"彼得·克拉克有两个女儿，一个在念小学，一个才刚上高中。我在看报告的时候，心里替两个女孩感到沉痛。

第二天，当我打电话给克拉克的妻子时，我的心又更痛了一点。他们 13 岁的女儿前一天晚上崩溃了。她看到橱窗里的婚纱，突然意识到自己的父亲不能在婚礼上牵着她走入礼堂。"我父亲也没有参加我的婚礼。他自杀的时候我 13 岁，就跟你女儿一样大的年纪。"我告诉他太太，"你得告诉她们，自杀是不会遗传的。我父亲的丧礼给我带来的惊吓感消退之后，那个想法曾经是我心中最大的恐惧。我以为我一定也会走上自杀的路，我真的曾经这么想。你要记得告诉她事情不是如此。告诉你女儿这是我的亲身经历。"不论我有多专业、受过多少训练，在那个时候，我们都只是心碎的家人。

我在担任纽约市法医期间，经手的自杀案件中，男性的有 21 起，女性的只有 5 起。这种比例失衡的现象并不罕见。全国自杀人数中，男女比例大约是 3 ∶ 1。不过自杀未遂的数据则大大相反：美国女性自杀未遂人数是男性的 3 倍。法医的验尸台上，自杀的男性死者比女性多，是因为女性选择的自杀方式往往不是即时性的，比如过量服药，结果常常是被救活。药物进入体内后要发挥作用到致命的程度，需要数分钟至数小时，这就成了一个医疗急救的时间窗口。美国男性选择的自杀方式往往会造成无法挽回的致命创伤——自缢、从高处跃下，另外还有一项特别常见的选择：使用枪支。全美国自杀人数中有一半的死者都是饮弹自尽。不过在纽约市的自杀案件中，9 件中则只有 1 件选择此法。

饮弹自尽并不是连傻子也能做到的事，而且也不是每次都能速战速决。我在纽约接过一件死者饮弹失败，导致状况糟糕得不能再糟糕的案件。死者是一名 50 岁的男子，邻居表示他的精神状况不佳。他在 2 月的时候被人发现在自家上锁的公寓中已死亡多时，开始腐烂。他的右手握着一把点二二口径的左轮手枪，右边太阳穴上有接触性伤口。当我打开他的头骨时，发现子弹笔直穿过死者双眼中间，子弹的力道把眼眶后方脆弱的骨头炸成碎片，碎片扎入大脑额叶。他把自己的大脑额叶截断后，还躺在那里忍受了好几分钟什么都看不见、疼痛不已的过程，时间可能长达半小时，直至大脑肿胀到终结他所受的折磨为止。

詹姆斯 · 亨特选择的则是双重保险的做法。一名在中央公园慢跑的民众发现他倒在毕士达喷泉旁的地上抽搐，头上血肉模糊，左手握着一把点三八零半自动手枪，他的右脚旁还有一把枪。离他不远的长凳上有个枪盒，里面放着一张纸条，写道：“给警方：我的袋子里还有其他弹药和刀子。”警方一看，果真如此。这名 28 岁的白人优越主义者在他的公寓中留下了一份长达 12 页的遗书，内容全是抱怨自己对于犹太人、黑人等的厌恶之情。他写下自己自杀的原因：追求“纯种白人女性”遭拒。

“他其实应该去找黑人的——绝对不会后悔啊！”办公室的黑美人齐妮特看着我这位犹太医师解剖这位“伤心纳粹”的遗体时说道。我第一次替身上有纳粹符号的男人验尸的时候，的确有种替祖先复仇的感觉。不过其实有不少死尸身上都有纳粹刺青，当我把这位种族优越主义者的脏器一一取出时，那种复仇感已经不复存在了。亨特将一把枪放进嘴里，另一把对着太阳穴。口腔内的子弹从他的头颅顶端穿出。另一颗子弹的弹道在左耳后方，并且留下标准的接触性灼伤。这颗子弹在大脑下方碎成四片，子弹的铜制外壳打到骨头后回弹，最后停在右边太阳穴的位置。

亨特是我在 2002 年 2 月经手的 6 起自杀案件中的最后一起。那个月我处理了 25 起案件，其中就有 6 起是自杀——大约每 4 起案件中就有一起是自杀，这个比例很高。除此之外，其中 10 天内接连送来的两起案件完全是我运气太差。这两个案子都是地铁自杀。地铁自杀者很少留下遗书，为了排除凶杀或意外的可能性，我们只能凭借有时会互相矛盾的报告来评估，也就是乘客的说辞和他身边的人的说法。

2 月初，一位沉默寡言、有 3 个孩子的中年男性死于联合广场站往上城方向的四号线地铁轮下。地铁驾驶员和两名站台上的目击者表示死者一跃而下的时候身边没有其他人。他最后被发现卡在第三节车厢下方。第二天我与这名男子的儿子、女儿和太太谈话时，他们仍未从惊吓中恢复。死者在世的时候就是个很内敛的人，不善表达情绪。

他们看不出来他是否闷闷不乐或是有什么不开心的样子，而且他最近才刚当上外公。

验尸过程惊悚极了：这男人体内一滴血也没有。他的肋骨骨折，股骨完全断裂，脾脏被碾成浆，原本这是会导致大量出血的。死亡方式是头部与颈椎脱离——体内斩首。结缔组织仍把头部和颈部连接在一起，但是他的颈骨、颈段脊髓和延髓都已经支离破碎。我差点连采取一小瓶血液样本去做毒理学分析都办不到。每次验尸过程中，我都可以从心脏汲取血液，但这次，这个男人的心脏是空的。

“血液都上哪儿去了？”赫希医师在下午轮巡时听完我的报告后问道。

“我不知道！也许都在现场流光了，但我很怀疑，因为他没有任何看起来严重到能够让他全身血液流干的外伤。”

“现场调查员可能没看到，也许血都流到地铁排水沟里去了。轨道底下全都是黑漆漆的烂泥，加上那里的排水系统又做得很好。”另一个医师指出。

“就是会有这种案子，遗体显示血液应该无处可去，你却只看见一颗空空的心脏，那到底这些血液都流到哪儿去了呢？”赫希医师又问了一次，他的眼中闪烁着智慧的光芒。没有人知道答案，于是他继续说下去：“我们认为血液应该都流到解剖时不会接触到的部位去了——说得更明确一点，就是那些骨骼的窦部和小梁之中。”

我愕然，“你是说他的骨髓把血液都吸走了吗？”

“他的生命中枢受到突发的、强烈的神经性创伤，这会导致血管张力出现系统性的崩解，”赫希医师继续对着一脸好奇的我们说道，

“延髓已经被撞碎了对吧？当这种情况发生的时候，全身上下的血管都会立刻瘫软，血管里的东西就会流入骨组织中的造血空间里。”

“所有的血液都流入骨骼里？”

“理论上是如此。”

“太神奇了。”我由衷赞叹。我的工作也许很血腥可怕，但是对于一个热爱人体结构的科学家来说，这是一份很棒的工作。会议室里每个人都同意这是那天最吸引人的案件。

2 月发生了另一起地铁自杀案件，死者是一名老年人。他的头被劈成两半，大脑掉落在外，脊柱断成两截。轨道两边有许多人都表示目睹男子突然跳到列车前方。他的家属告诉警方，几周前他曾在浴缸里割腕自杀未遂。在验尸过程中，我的确看见他的手腕上有一些平行的瘢痕，符合自杀未遂的记录。这件案子也一样没有遗书。

“为什么自杀的人不留遗书？”那天晚上我对托马斯抱怨。我们从琼森大道的超市走路回家，托马斯推着一辆老旧的婴儿车，丹尼坐在车上，这车同时也被我们拿来当购物车，底下的篮子里塞满了杂货，不太容易被压坏的杂货就一袋袋装好，包围在丹尼身边。他一路上都在敲打罐头食品和干面条。

“你怀疑他是被推落铁轨或者跌倒吗？”

“没有。目击者的说辞都很一致。他不是摔跤或被绊倒，当时他身边也没有其他人。地铁驾驶员说他的行为看起来是刻意而为。这可怜的家伙，我真的为他感到难过。”

“大多数自杀的人不是都会留下遗书吗？”

“数据显示只有一两成左右而已，当然取决于你相信谁的研究内容。最完美的凶杀案就是只有一颗子弹进出，而且找得到子弹；而最完美的自杀案件就是死者没忘记留下遗书。在这两者之后，我想我会说最完美的吸毒过量致死案件，就是死者手上还插着针头，或是酒店桌上还留着白色粉末。”

“好了，丹尼，起来吧。”托马斯把丹尼从婴儿车上抱出来。前一天下了雨，小男孩马上往地上的水洼冲去。我实在难以想象为人父母者如何用我目睹的那些方法，刻意离弃自己的家人。但我看过太多的遗书，我知道这些人都在催眠自己，觉得他们这是在帮自己心爱的家人一个忙。事实不是这样的，你可以相信我。

我父亲的验尸报告很平凡。“死者”记录显示年龄为 38 岁，男性，以身高评估，腰围略宽，但不算肥胖，“头骨上的毛发为黑色，掺杂少许白发，”报告中写道，“面部有茂密的八字胡，牙齿正常，没有任何问题。”我记得他露出那两排牙齿时的笑容，我也一直很喜欢他亲吻我的时候，八字胡在我脸颊上搔痒的感觉。他身上常常有洋葱的味道，验尸报告中没写到这点。报告里把我们家的姓氏误写成两种不同的拼法——“梅里雷克（Melilek）”和“密里雷克（Mililek）”，但是整篇报告中没拼错梅纳赫姆。

我决定要当法医病理学家之后没多久就看过父亲的解剖报告了。我觉得如果没有先看过那份影响自己一生的验尸报告就投入这个领域，是一种失职的行为。我父亲没有留下遗书，我想要从死后的检验报告中找出一点蛛丝马迹，用我身为法医的双眼看出点什么，让我了解他为什么要了结自己的生命。

灰色电路延长线在他脖子上留下的绳结勒痕描述起来平淡无奇，

勒痕从他的左下巴延伸到喉咙右边，然后连到颈部后侧，到左耳耳垂为止。报告没有现场照片，但不难想象他的头一定是向右边歪斜，我曾在其他自缢案件中见过这种状况。解剖后带状肌上没有出血，喉咙里的舌骨没有断裂。他的四肢末梢出现常见的发紫现象，脸部发青充血。警方切断绳子放他下来的时候，他还戴着眼镜，只是当时他已经全身僵硬冰冷了。“遗体以一般的 Y 形方式切开，”1983 年，威彻斯特郡的助理法医写道，“肌肉显示为深红色，有肥大现象。”死者年纪尚轻，却已患有心脏病——他赞不绝口的白色城堡汉堡店可能就是肇因。他也有脂肪肝，但是毒理学报告没有发现任何可卡因、海洛因，也没有发现酒精成分。

他当时神志清醒。我不能怪罪药物，我只有，也只能，怪父亲自己。

我很想念他，即便是在 30 年后的今天。

PART 9

医学不幸事件

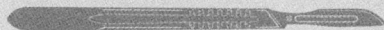

以法医身份学习死亡调查这件事，让我更加热爱人体的奥妙。但问题是，我在验尸房里学得越多，就越会不自觉地在验尸房外为陌生人诊断。那个在公园长椅上打瞌睡的男人，手上和脚踝上都有针头痕迹，八成在不久后就会用药过度致死。那个在杂货店里推着购物车的主妇，眼白泛黄，肝脏快衰竭了。那个小腿光滑得古怪的热狗摊贩，身上有痘疤和棕色、粗糙的斑点，还有肿胀的脚踝，心力衰竭的标准症状。

我该怎么办？我该去跟那个颈部有块乌黑小瘤的太太说，她必须马上让医师看看那黑瘤吗？我该不该催促那个手腕上有平行伤疤的少女尽快去寻求专业咨询师的协助，避免自残行为演变成自杀吗？我该把戒毒中心的优惠传单带在身边，好让我在遇到瘾君子的时候可以塞几张给他们吗？难道这也是我工作内容的一部分？这些事情难道都属于一位与生命终结时刻紧密相连的医师的职责？

为这些活着的人做“解剖”并没有让我恐惧这个世界，而我却被将死之人的“鬼魂”纠缠。

我写过的最长的死亡原因是“静脉注射毒品导致艾滋病，用药治疗并发坏死性胰脏炎，清创时出血致死”。说白了，就是一位瘾君子注射毒品时感染了艾滋病病毒，医师就以强效药物为他治疗，其中一种药物造成患者胰脏受损，于是他接受了移除坏死组织的手术。在手术期间，患者身上的一条大血管破裂，最后他就慢慢流血致死。这是在根本没希望的患者身上发生的医疗并发症。

“医疗并发症”并非医院把事情弄糟时所用的婉转术语。这是纽约市的正式死因类别之一，用于患者死于非紧急医疗或紧急外科手术中的情况，不论过程中是否存在疏忽。如果你到医院接受针对性治疗，治疗内容并非立即攸关生死，结果却死于治疗过程，你的死因可能就会被判定为医疗并发症。当我还在洛杉矶接受住院医师培训的时候，我们将这类案例称为“医学不幸事件”，这个说法让赫希医师听了就生气，而托马斯则觉得十分好笑。这种死因的罕见程度大概仅次于“战伤”——我们遇到战争旧伤并发症致死的案子时，这就是赫希医师会用到的死因类别。“我知道这让人口统计局的疾病分类学家很头疼，”赫希医师在培训期间告诉我们，“但我没法把这类案件判定为凶杀。”

很少有单位会使用战伤作为死亡方式，而且不是每个法医都会把医学不幸案件列为一种独立类别，许多法医都会把这类案件判定为自然死亡或是意外。不过赫希医师认为，把医疗失误和其他在医院中发生的死亡事件分隔开来是法医在公共健康领域中的任务。如果一个患者急需接受医疗救治，最后仍不治身亡，那么就要看是什么疾病或创伤导致这个紧急医疗需求，进而判定死亡原因。比方说，患者是因为打斗过程中受到枪伤而就医，最后在手术台上失血过多而死，死亡方式就是凶杀。如果他是因为肾脏疾病而入院，在透析过程中心跳停止，死亡方式就是自然死亡。当我在死亡证明书上写下“医疗并发症”，就表示医疗行为加速了死亡，医护人员通常都会对此感到愤愤不平，因为我把他们的工作判定为导致死亡的过程。

帕特丽夏·凯迪特急需进行心脏手术，不然她就撑不了太久。她是一名60多岁的黑人女性，因为心力衰竭前往医院，准备接受心脏四重搭桥术，医师称这种手术为“四重血管卷心菜［卷心菜英文为cabbage，与冠状动脉搭桥术（coronary artery bypass grafting）的缩写CABG相似，故有此名。——译者注］”。她的冠状动脉被长期积累的胆固醇和阻塞物堵塞，只剩下很狭窄的通道，心脏组织已经严重缺氧。冠状动脉搭桥术（或称“卷心菜”）中，外科医师会从不太重要的部位截取一部分健康的静脉（通常是腿部），将其缝入被阻塞的冠状动脉部位。如果外科医师只需要修复其中一条动脉，那就是“单一血管卷心菜”。要修复两条动脉的时候就是“双重血管卷心菜”。帕特丽夏·凯迪特有4条动脉待修复，且须在心脏手术中一次完成。

要进行心脏手术，医师会把你的胸骨锯开，像打开牡蛎壳一样把肋骨摊开来，在手术过程中还要先让心脏暂停跳动。手术期间，身体需要的氧气由一台心肺机提供。如果你的冠状动脉严重阻塞，就需要施行冠状动脉搭桥术，不过这也代表你身上其他部位的血管可能已经被胆固醇严重阻塞，比方说，专门给大脑供血的颈动脉。所以，当你被全身麻醉以后，手术医师必须先清理这些血管，让通往大脑的血流最大化，这个程序称为颈动脉内膜切除术。

这个手术是有风险的。颈动脉内膜切除术本身可能会把血管中的胆固醇阻塞物送往大脑，导致卒中。如果你决定接受像心脏四重搭桥术这样高风险的选择性手术，那么颈动脉内膜切除术也是必须采取的步骤，而卒中又是内膜切除术的已知风险之一。一台手术可能既是可选的，又是必要的——“选择性”在医学中不是代表“可以自由选择”，只是表示非紧急情况而已。

在帕特丽夏的颈动脉内膜切除术和心脏四重搭桥术过程中，一切看似十分顺利。不过，虽然手术成功修复了她受损的心脏，但她的医师马上就发现她出现了严重的并发症。她在手术过程中发生卒中，醒来之后身体半侧瘫痪且失去沟通能力。她的大脑开始从内部肿胀，损伤越来越严重。几天后，帕特丽夏就失去意识，陷入昏迷。没过多久，那颗刚修复好的心脏就停止跳动了。

我在家属会见室中与帕特丽夏的哥哥戴维见面。他坚持要跟我面谈。他是个面色憔悴的老人，从打扮上看来自劳工阶层，身材挺拔，他看起来怒发冲冠。“我实在不明白一个健健康康的女人……”他开口说着，声音渐弱，“手术前她还有说有笑的，怎么就这样走了？”

“你妹妹的医师有没有把情况解释给你听？”

“他说了一些，但是没有解释。他说了什么阻塞，还有卒中，但是我听不懂他在说什么，他也不愿意直视我的双眼。”他伸出两指朝自己的眼睛比了比V形，同时眼神直盯着我。

我停了一下，思量要怎么开口。戴维不信任我，他觉得我是一个年轻又没有经验的白人医师，就像那个外科医师一样会说谎骗他。院方律师顾左右而言他。他的妹妹去世了，这都是医院的错，而我们一定会为了钱互相包庇。

“首先，”我一边说，一边正面迎向他的目光，“我想先让你知道，我不是你妹妹去世的医院的员工，也不是任何医院的员工，我不需要为那些医师辩解，戴维先生。我是一个公务员，我的工作就是要做到客观公正。这就是你缴的税金派用场的地方。”

他的眼神柔和了一点，勉强挤出一个浅浅的微笑。“这就是我来这里的原因。”

“让我跟你解释为什么我会把帕特丽夏的死亡方式判定为医疗并发症，而非自然死亡。”我继续说道，“如果那场手术是紧急手术，你的妹妹是被匆忙送入医院而死亡的，我就会归因于让她入院的那个病因。但她的手术不是紧急状况。帕特丽夏为了修复心脏，接受选择性治疗手术，她进手术室之前还算健康——像你说的那样，有说有笑——如果不是因为手术，她就不会在那天去世。正因如此，她的死亡方式就是医疗并发症。”

“她是因为手术而死的吗？”

“对，”我马上回答，“你妹妹的心脏病非常严重，如果不接受手术也一定会病逝，也许是几周后，最多几个月，不会更久了。但是没错，如果不进手术室，现在她还活着。”我愿意证实医院里的医师不愿证实的一点：是手术杀死了患者。

戴维点点头，没有说话。过了一会儿，他便起身往门口走去。“谢谢你，医师。”他小声说。在离开前，他突然又转身看着我，这次他的眼神里除了哀伤，什么也没有。“你知道吗，他们把帕特丽夏推进手术室之前，我还告诉她一切都会好起来的。”

“我很遗憾。”我说。我想我是第一个敢这么对他说的医师。

我知道戴维没有提起诉讼。虽然他仍愤怒得想要控告，但他不太可能找得到愿意代理他的案子的律师。不过我不认为这是戴维先生来找我谈话的原因，他只是需要有人坦白告诉他答案而已。

在医学院的时候我学到一件事，在外科工作的时候这一点也不断被提醒，那就是要用明确的临床语言被动表达我的看法。“阻塞物被推向栓塞的血管中，造成局部缺血损伤”就是医学式说法，“当我们试图清理阻塞的动脉时，一块脂肪组织松脱了，导致患者中风”。直到接受了赫希医师的培训，我才学会不要用那些医学名词讲话。

比起其他医疗人员，法医更常遇到必须跟民众沟通的场合，让对方能够理解比说话精准又科学正确来得更重要。但是书写死亡证明书又是另一回事了，因为死亡证明书必须使用精准的专业名词。不过赫希医师不断灌输给我们一个观念，就是当我们在跟死者亲属通电话，或是站在陪审团面前陈述的时候，法医病理学家一定要懂得如何直白地描述，并且避免展现出高高在上的姿态。他教我们要说“因为胆固醇导致动脉硬化”，不要说“动脉粥样硬化”；要告诉陪审团，死者是死于“心脏病”，不要说“心肌梗死”。你甚至可以告诉死者家属，他们深爱的长辈是死于高龄，这听起来比“老年性心脏病”好多了。

我在医学和法律之间打滚的日子中，见过好几次因为医院态度不佳导致家属提起诉讼。戴维一心认定他妹妹的死是医师的错，而且在他看来，医师还想说谎骗他来逃避责任。他们没有清楚地表达或是不敢对戴维承认的事实，其实就是他们原本为延长帕特丽夏的生命所做的努力，反而让她的人生提早走到终点。

医师也会对患者做出错误预测，特别是在面对毒品成瘾者的时候，他们很容易产生偏见。几乎所有科室的医师都有过这类经验——面对受到毒品和酒精影响的失衡家庭和他们的疯狂故事。若不能保持专业、开放的态度，医师可能就没办法正确判定主要问题所在。更糟的是，如果你没有完整地进行鉴别诊断，就开始按你所认为的病因进行治疗——赫希医师称之为“建立在假设上的臆测”——你可能会害死自己的患者。

28 岁的维诺妮卡·瑞弗拉有酗酒史，2002 年初春，她被送到我的验尸台上。调查人员的报告中写道，她的未婚夫把她送到急诊室，因为她觉得“无力、想吐”。医师诊断认为瑞弗拉贫血，并且让她接受输血以补充红细胞。然而当她躺在病床上的时候，突然毫无预警地停止了呼吸。院方发出危急警报，急救小组推着急救车冲到瑞弗拉的床边替她插管，但就连机械通气法都没能救活她。瑞弗拉的气管虽然已经被切开，但是她的肺部并不运作，血液里的氧气含量不断下降。尿检结果显示她的体内有苯二氮䓬类药物、吗啡和美沙酮，这是 3 种常被滥用的药物，主治医师认为有外人溜进医院，给瑞弗拉打了一针。瑞弗拉戴了几天呼吸机后就被宣告脑死亡。医师在她的医疗记录上写下的死因是非法使用麻醉药物以及双侧肺炎。

我剖开瑞弗拉的尸体后，发现慢性酗酒者都会有的肝大现象。她的肺部摸起来很僵硬，有成人呼吸窘迫综合征（ARDS）的病症。刚开始验尸的时候，ARDS 病症并没有告诉我其他信息——任何呼吸骤停后被送入加护病房住了几天的死者,肺部状况通常看起来都很糟糕。我必须查明瑞弗拉一开始究竟为什么停止呼吸。她的大脑看起来也是死灰色、肿胀的“氧气罩大脑”，质地跟布丁差不多，跟我一开始预料的状况一样。我从瑞弗拉的胃里找出一片还未消化的药片，送去做毒理学检测。

这一点点验尸后的收获，以及毒品阳性反应都指出造成瑞弗拉呼吸骤停的原因，很可能是麻醉药物过量。但我必须等到毒理学检测结果回来后才能确认，而这份报告可能一等就要几个月。在等待的时间里，我必须利用其他调查结果来找出瑞弗拉到底是用了哪一种药物，以及服用了多少剂量。法医鉴定小组的报告中提到瑞弗拉停止呼吸时，她的未婚夫就在病床旁，我怀疑药物可能就是他给的。他显然也是最后跟死者说话的人，我下一步的行动就是打电话给他。

路易急着想跟我描述瑞弗拉在医院接受的照护有多糟糕，他一心认为是医院害死了她。“她看起来情况真的很糟，所以，我说服她去一趟急诊室。她当时全身无力。但如果我没有把她带到那地方去，她就不会死了。”

我们谈了一会儿在急诊室发生的事，然后我提出了第一个难题：“瑞弗拉在医院的时候吃过任何药吗？”

“有个护士在她输血前给了她几颗大药丸，只有这个。”

“瑞弗拉有没有要求……”我没说完。如果我想要搜集信息，就不能先入为主。“你没有从医院以外的地方带药给她吧？”

“没有。”

“我从医疗记录上看到她有酗酒史，你能告诉我她喝了多少酒吗？”

“不多，每天大概就一两杯的量。她不是会大量饮酒的人。”

路易不愿承认自己的未婚妻是酗酒者，但是这名死者的肝脏告诉我不一样的答案。我抓住这点，再次提出尖锐的问题：“瑞弗拉有没有吸食娱乐性毒品的记录？”

“什么意思？”

“她是否曾吸食海洛因、镇静剂一类的药物？”

“没有。”他想都没想就回答了。

“她服用过美沙酮吗？”

“没有。”

“我之所以这么问你，是因为瑞弗拉的尿检显示她的体内有苯二氮䓬类药物、吗啡和美沙酮。她体内怎么会有这些药物？”

“我不知道。她没有吸毒！我也没有吸毒！我从头到尾都在她身边。”对话停顿了一会儿。如果这个男人是瘾君子，他一定也是一流的演员，他在试图说服我，想用专业的演技骗我。“她的药检结果有没有可能是医院给她的药物导致的？”他问。

医院的医师不可能给她开美沙酮，我非常肯定这一点。我翻了几页医院传真给我的文档。“医院的记录显示危急警报之前，他们只是帮她输液和开出输血治疗的医嘱。”

“会不会是他们给她输的血里有药物？”路易猜测道。我知道这概率很低，但也并非全无可能。献血者若在服药就不能献血，可是血库筛选献血者的方式是让这些人填写问卷再进行访谈，不会进行药检。“我只知道他们说她的血量不足，护士走进来在点滴架上挂了一袋血，这袋血就从手臂打进她的体内，”他接着说道，“我就坐在床边。然后她突然弹了起来，说她觉得背部很痛，要我帮她揉揉背。”

听到他说的话，我的心中马上警铃大响。“你确定背痛是在输血后发生的，而不是输血前吗？”

“我确定，就在护士离开后，而且痛得很厉害。我就帮她揉背，想让她舒服点，然后她就说她不能呼吸了！我马上按铃叫护士来，他们跑进来后就把我赶走了。一定是那袋血有问题……一定就是那袋血。”

“推车跟输血有什么关系？”我跟托马斯说这件事的时候他问道。

“不是推车，是输血相关性急性肺损伤［输血相关性急性肺损伤（transfusion-related acute lung injury, TRALI），因读音相似，托马斯误以为说的是推车 (trolley)。——译者注］。”

他一脸茫然，“所以呢？那是啥？”

“噢，太罕见了，这是工作一辈子只会遇上一次的情况！在输血后感到背痛——他一说出这句话我就知道是输血相关性急性肺损伤了。不过我没办法证实，除非我拿到毒理学报告。”

“所以可能只是用药过量？”

“对，但实际上并不是！这一定是输血相关性急性肺损伤，我向你保证。她男朋友的说法实在太有价值了。我一挂掉电话就马上打电话到医院血库，警告他们这件事。”

“为什么会这么严重？”

“输血相关性急性肺损伤会造成突发性肺水肿，这会让人送命，而且没有任何办法可以挽救。当时在病房的医师和护士没有诊断出来，他们没把输血和呼吸骤停两件事联想在一起，这是重大医疗失误。血库会因为这种事被食品和药物管理局勒令关闭。如果血库被关闭，医院也就会跟着倒闭。”

“我的老天！”

“对啊，我相信血库主管也是这样想的，他居然是从法医口中得知这个消息的！如果你是他，就知道这有多糟糕了。”

对于输血相关性急性肺损伤的机制，目前所知甚少。我们只知道这跟献血者或输血者的血浆抗体有关，也就是血液中的液体媒介。抗体是一种特殊蛋白质，能保护你不生病，方法就是让外来细菌或病毒被凝结在一起，接着人体会启动免疫反应，派出白细胞去摧毁入侵的病原体。人体接受输血之后，你的身体会被瞒住，必须如此才能接受外来的血液——包含血浆，还有其中所含的抗体——身体会把这些东西当成自己的一部分。不过仍有极少数的案例，是献血者的血液或是输血者的血液中含有抗中性粒细胞抗体。这些蛋白质会造成白细胞本身聚集、凝结。下一步就是人体免疫反应启动后，派出更多白细胞涌入那个部位，而抗中性粒细胞抗体会让那些白细胞继续凝结起来，如此恶性循环，你的身体等于是在疯狂攻击自身的组织。

这种攻击行为对微血管的破坏最严重，特别是肺部的微血管。泡沫状液体（水肿）占据了空气原本在肺泡里的空间，肺泡外部则被蛋白质沉淀物包裹，阻碍气体交换，因为假警报导致的免疫系统反应会摧毁身体吸收氧气的能力。这一切发生的速度非常快——如果瑞弗拉的案例真的就是输血相关性急性肺损伤，那在她身上的反应可说是即刻的。她的肺部充满液体，且肺泡外部被蛋白质沉淀物包裹之后，就算使用机械通气法，也没办法提高氧气含量。瑞弗拉的大脑开始缺氧，接着她就一命呜呼了。

过了几天，瑞弗拉的完整医疗记录被送到我的桌上。急诊室医师很用心地治疗过她，并且把过程都仔细记录下来。危急警报的处理流程完全符合程序，医师根据血红蛋白含量将瑞弗拉诊断为贫血。但是后来——等到她的尿检结果显示毒品阳性反应之后——每个人，包含医师和护士，似乎都认为瑞弗拉只是一个在布朗克斯被送进加护病房的瘾君子，没有人进一步调查她的身体为什么会突然崩溃，他们全都先入为主，认为这是吸毒过量的结果。

数据告诉我，他们的猜想都错了。瑞弗拉尿液中的两种药物都是医院开给她的，不是她在街上弄到的毒品。苯二氮䓬类药物是镇静剂咪达唑仑中的一种活性化学成分，此外，他们发现的吗啡类药物则是止痛药芬太尼的成分。紧急救治小组的记录显示他们在瑞弗拉停止呼吸时的插管过程中使用了这两种药物。

他们搞错的还不只如此而已。细菌培养结果显示，常见的造成呼吸骤停的细菌感染检测为阴性反应，推翻了她的医师所做的双侧性肺炎的诊断。事实上，检测显示她根本就没有受到任何种类的细菌感染。“什么肺炎，胡扯。”我一边说，一边跟格雷汉姆背对背坐在办公室那个共享的小隔间中各自处理书面报告。

“好像是瞎猜的，不是医疗诊断。”我给他看过表格后他也同意。格雷汉姆在接触法医职业之前，是实验室病理医师，所以，他在这个案子中的看法也特别有分量。

“而且你看这里，他们拍了两次 X 线片，一次是她刚进急诊室时拍的，一次是她插管后在加护病房拍的。”

“为了检查插管位置吧？”

“对。第一张片显示阴性。12 小时后的第二张片整张都是亮的，她的肺部里面都是液体。病房医师就把这种状况判定为肺炎。”

“哪有 12 小时之内就变成这样的，完全不可能。”

“没错，我就说吧！”

“急性充血性心力衰竭有可能导致 X 线片像这样整张发白。”

“对，可是验尸的时候我发现她的心脏很健康，也很正常。”

“因为过敏产生的过敏性休克？”

“我要等实验室报告回来才会知道类胰蛋白酶含量，”我回答道，“如果报告回来显示指数正常，且毒理学检测结果呈阴性，那这案子就是输血相关性急性肺损伤了，一定是！”

格雷汉姆怀疑地挑了挑眉。“我不知道赫希会不会同意这个看法。”他正好说出了我心中的顾虑。

毒理学报告终于在 6 月中旬回来了。报告显示瑞弗拉的类胰蛋白酶含量正常，排除了过敏反应。首席法医办公室的毒理学分析实验室告诉我一个让人大吃一惊的结果，这也让医院那些看到尿检结果就判定瑞弗拉是瘾君子的医师全都傻眼了。

“根本就没有美沙酮？”我告诉托马斯报告内容的时候，他的反应也是一样震惊，“这到底是怎么回事？”

“假阳性反应。在进行药检的时候，尿液检测的精准度比血液检测低。尿液检测利用抗体检测，但偶尔会出现交叉反应。抗体虽然敏感，但是反应并不一定明确，所以，为数极少的患者即便体内没有药物，也会测出药物反应。这就是法庭不同意把尿液药物检测列为鉴别样本的原因。我们的实验室必须使用血液做检测来确认结果。”

“她男朋友没说谎。”

“对。瑞弗拉没有毒瘾，急性药物过量致死绝不是她的死因。她甚至没喝醉——她的血液中酒精含量为零。她也没有药物过敏的问题。这让鉴别诊断只剩一个答案了。”

“就是那个输血推车［托马斯再次把输血相关性急性肺损伤（TRALI）说成推车（trolley）。——译者注］吧？但我还是不明白为什么医院的医师没有发现这件事。”

“因为这实在太少见了，我说真的！没有人会想到是输血相关性急性肺损伤的。”

“除了西班牙宗教法庭吗？”

“除了病理医师。”

我还没准备好在下午轮巡时向赫希医师报告这起案件，我得再打一通电话。再次检查了显微玻片和所有数据图表之后，我拿起电话打给道格·布莱克尔。布莱克尔教授是加利福尼亚大学医学中心的血库负责人，当我还是医学院的学生时，他教过我血库临床病理学。我告诉他整件事：“死者男友说她当时在抱怨背痛，双手抱胸，还说自己快死了。”

“你知道这是什么情况。”布莱克尔医师的口气没有一丝怀疑。

“是输血相关性急性肺损伤。”

“是这样，没错。”

“我就知道！”我忍不住大声说，“我只是想要从您口中听到这句话。这个诊断在解剖时不常出现。”

“听起来你并不是在解剖时做出诊断的。你是因为回顾了数据图表，而且通过实验室的报告确认——这全都是在办公桌前做的。”

那天下午 3 点的轮巡中，我报告了这个案例。赫希医师持保留态度。“去把那两张 X 线片拿来看看，”报告结束后，他这么说，“然后去跟放射科医师讨论一下片子，看看他同不同意你的说法。讨论完再带片子回来找我。”

放射科医师的报告和两张胸腔 X 线片在几周后来到我手上。X 线片的结果真的令人震惊：前后不过 12 小时的差距，两张片子看起来就是致命肺部创伤前后的比较图，第二张片子因为肺部充满液体而亮得刺眼。我在早上 9 点半的晨间巡视中把 X 线片拿给赫希医师看。“放射科医师的报告怎么说？”他想知道。

“非心源性肺水肿，”我念出报告上的内容，“考虑到时间差距，状况与输血相关性急性肺损伤相符。”

赫希看着我，露出一抹微笑。“表现很好。”他说。那句话是我从他口中获得的关于我所做的调查工作的最高赞扬，至今我仍非常珍惜。

然而，在瑞弗拉的案件中唯一能令人感到一丝愉快的，大概也只有我上级的赞赏之词了。之后医院的血库必须追查出献血者是谁，然后告诉那个人：“我们认为你的血液里可能有一种抗体，对你本身无害，但是你再也不能献血了，而且我们需要检测你的血液成分。”不过上面这个说法终归强过下面的说法：“你的不良血液可能刚害死了一个人。请来医院接受检验，这样我们才能避免你害死下一个人。”

但是等到他们取得献血者的血液样品，做过测试之后，血库却发现这个献血者的血液并不含抗中性粒细胞抗体，也就是说这起案件是瑞弗拉自身血浆抗体与献血者的血液产生反应造成的。

所以，瑞弗拉的死亡实际是医疗并发症导致的，这种状况无法避免，而且不是任何疏忽所致。这起案件中唯一的疏忽，就是病房里的医师和护士没有发现输血引发的反应，没有向血库报告事件，他们以为患者只是另一个用药过量的瘾君子而已。不论医院的诊断是不是真的有误，提供医疗照护的人员并没有其他可以避免瑞弗拉死亡的治疗方式。瑞弗拉的确是贫血，从医疗角度来判断，她就是需要输血。如果不输血，她能活下来吗？可能吧。有没有人可以预见输血相关性急性肺损伤引发的可怕反应？没有。

输血相关性急性肺损伤是不可逆的状况，往往会被误诊，还会造成入院死亡——但很多事情都会造成入院患者死亡。我看过的案例中，从静脉导管放错位置，到那起因心脏手术导致死亡，最后被我判定为医疗并发症的案件都算。只要患者对麻醉药会产生特殊反应，就连寻常的膝关节手术或整形手术都可能致命。在纽约市为期两年的法医培训过程中，我很快就了解到，所谓的“小手术”并不存在。“小手术指的是其他人的手术。”赫希医师总这么说。

七旬老翁西蒙·纳尼雅舒维利患有动脉硬化和心脏疾病。他的其中一条颈动脉被胆固醇沉积物严重阻塞，挡住了流向大脑的血液，除非他接受手术治疗，否则几乎可以确定他会发生卒中。西奈山医院的血管外科医师把患病血管内的阻塞物清理干净，然后从身体其他部位截取一段静脉血管把该处修补好。一切看起来都很顺利，纳尼雅舒维利从麻醉中苏醒后看起来精神也很好。可是第二天晚上，他一觉醒来却发现脖子大出血，从绷带底下不断渗出血液。他的颈部肿得厉害，血压不断往下降。紧急救治小组赶来替他插管，医师直接为伤口加压止血，但是纳尼雅舒维利在抵达手术室之前就断气了。

我解剖纳尼雅舒维利的尸体时，他手术后的部位还处于缝合的状态。我打开缝线，发现他颈部狭窄的空间里满满都是血。手术修复过的颈动脉上有个直径 1 厘米左右的破洞，我毫不费力就看出导致出血的原因了：蓝色聚丙烯手术缝线松脱了。外科医师在缝合伤口时打的结松开了。摄影师拍照存证后，我把纳尼雅舒维利颈部的这段血管取下，放入一个跟果酱瓶差不多大小的福尔马林罐中保存。

我当天就发出死亡证明书，死亡原因是手术伤口出血致死，死亡方式很明确，是医疗并发症，因为这台手术是选择性治疗手术。“反正他已经是多活了一段时间。”他的遗孀听我在电话上解释完验尸结果后这么说道。这个男人撑过了 3 年前的心脏病，还有 1 年前的髋关节骨折。这两起事件都没有让他送命，反而是一次如果成功就能延长生命的手术让他就这样走了。

那个夏天我跟西奈山医院风险管理部门——这是他们对律师的称呼——通过好几次电话。他们在调查纳尼雅舒维利的死因，但无法判定是谁的错。外科医师坚持一定是缝线的问题，但是缝线制造厂商爱惜康宣称一定是外科医师的扎线方式有误所致。双方都想要检验手术部位。在两个单位吵得不可开交的情况下，我的首要任务就是担任遗体和样本的法定监护人。

纳尼雅舒维利的女儿同意我提供样本让他们检验，所以，检验日那天,我就把这段泡在福尔马林罐子里的重要颈部组织登记好后取出。亮蓝色的缝线清晰地在罐子里漂荡，其中一部分还固定在血管上。我在办公室大厅跟几位西装笔挺、面容严肃的男子碰面，他们将会一起检验这份样品。院方代表帕特里克 · 蓝托医师是西奈山医院的首席法医。代表爱惜康的是已退休的血管外科医师托马斯 · 狄斐里欧医师，与他同来的还有约翰·莫亚力，麻省理工学院的高分子技术博士，他受雇于爱惜康，来调查院方指出的产品瑕疵。

我们一到西奈山医院，第一件事就是前往蓝托医师的办公室，大家一起用复合式电子显微镜看缝线被以不同方式切断的测试。经过高倍率放大可以看到，如果是用手术刀切断的缝线，会有边缘锐利、呈方形的切口；如果是用剪刀，就会留下扁平的半月形切口。这两者跟被扯断的缝线的差别很明显——被扯断的缝线看起来像是一团凝结的蜡油，还有磨损的线头垂落在一旁。

我们一起评估了从我的案件文件夹中取出的解剖现场照片，一致认为修补后的血管绝对不是自己又裂开的。动脉和被截取来修补坏死处的静脉都没有出现被撕裂的组织。托马斯 · 狄斐里欧医师指着其中一张照片里的蓝色缝线，“你们可以看得到缝线一端是笔直的，另一端却卷得像小猪尾巴一样吧？没看到打结处。如果是缝线断裂，就一定找得到完整的结。”他的态度并没有幸灾乐祸的意思，但我还是不禁暗自心想，那位坚持缝线一定是自己断开的外科医师听到这样的说法后会有什么反应。“更重要的是，”狄斐里欧医师接着说，“缝线的形状指出缝线的打结方式是错误的。”他看着蓝托医师，“这位外科医师没有像一个熟练的水手一样打好方结，而是把两条线交叠，打了一堆死结固定。那些线圈在压力之下就会松脱，留下我们现在看到的这个松开的尾端。”

蓝托医师什么都没说。他跟我们其他人一样急着想要亲眼看清楚这条缝线。我把手术样本从罐子里取出来给他，他把样本放在立体显微镜下，慢慢调整焦距，直到缝线的尾端突然出现在画面上为止。缝线尾部有清清楚楚的扁平型末端，是用手术剪剪断的，而另一端尖锐的断面则是用手术刀切断的。外科医师缝合了接合处——也就是修复血管时最重要的缝合处——然后用手术剪把线尾剪断。但是因为结没有打好，整个缝线处不久后就松脱了，留下一端卷曲得像红酒开瓶器一样的线头。

缝线没有断裂，聚丙烯材料没有失误，失职的是外科医师。当我们从其他角度研究这段颈动脉缝补处的时候，整个样本上只找到一个方结。这个外科医师打了四五个死结，其中有几个打结处就在我们眼前自己松开。其中一个彻底松开的结，尾端还没脱离组织，就是那段挂着线头的动脉缝合处。

我实在震惊得无话可说。身为医学院学生，在我们开始外科轮转之前学的第一件事，就是如何像个熟练的水手一样打结，像狄斐里欧医师说的那样。还在医学院念书的时候，我曾经花了好几小时在厨房餐桌旁，拿着手术缝针和缝线，用我在街角的西班牙杂货店买来的猪腿练习打结，甚至晚上睡觉我还会梦到自己在练习。西奈山医院是世界上顶尖的医院之一，他们的血管外科医师却从没学过怎么打结，最后的结果就是一位患者在选择性手术治疗后死亡。

蓝托医师跟我一样震惊。为了确认诊断结果，我们还是要用最高倍率和分辨率的扫描式电子显微镜，仔细检视纳尼雅舒维利先生的颈部手术处样本。电子显微图像显示得更清楚，线头两端是被截断的，不是受力、经拉扯断裂。线头锐利的切面跟测试时以剪刀和手术刀截断的缝线看起来几乎一模一样。

纳尼雅舒维利的案子让我写了一份很棒的报告，“颈动脉内膜切除术后接合处缝线松脱致死之死后分析”，共同作者包括帕特里克·蓝托医师以及约翰·莫亚力博士。同院的外科医师犯下这种致命错误，身为首席法医的蓝托居然愿意在这份公开发表的研究报告上挂名，实在令人意想不到，但这也是最让我热爱医师这一行的一个原因。你犯下的错误，或是你的机构中其他人犯下的错误，可以被用来教育其他人，用来让科学更进一步。这份报告的最终要点——也是纳尼雅舒维利的案子给我们上的一课——其实很简单：外科医师们，你们一定要当个好水手啊！

医师们也会意外害死患者。有时患者是因为抵挡不了已知的手术风险而辞世，但是每隔一段时间，法医就会接到一起医疗事故致死的案子。盖博雅拉·阿隆索 1996 年发现自己怀孕时还很年轻，她前往皇后区的一家私人诊所接受选择性流产术时已怀孕 7 周。手术使用麻醉监护，静脉注射镇静药物和止痛药物，并且使用氧气罩供给氧气。镇静药物会使她失去意识，止痛药物则能让她免受手术过程中的痛楚。

麻醉监护是局部麻醉的中间步骤，局部麻醉就是只有接受治疗的部位会被麻痹，而全身麻醉则是指患者维持生命的重要功能完全由医疗团队接管。麻醉有不同程度，医师会根据手术内容、患者的焦虑程度、可用设备以及其他条件来选择麻醉方式。全身麻醉只能在医院由医师执行，但是美国多数的州都允许持有专业执照的护士在医师的指导下，在门诊进行麻醉监护。

盖博雅拉的选择性流产是常规手术，并不复杂。疗程结束后，妇科医师和麻醉护士将她推到他们称为“恢复室”的房间——实际上就是候诊室，里面有 8 张简易的办公椅，没有其他医疗设备。候诊区唯一的员工是一位办公室秘书,她的工作是负责接听电话以及处理账单。跟盖博雅拉一起在这个空间里等待的还有几个同样是接受麻醉监护的患者，但是没有护士在场留意她们的状态。艾文·柯瓦奇医师靠着有限的人经营诊所：员工只有麻醉护士丹尼斯·莫顿和几个经过专门训练以帮忙抽血的工作人员。只有柯瓦奇医师和莫顿护士知道如何施行心肺复苏术。

按照柯瓦奇医师后来的说法，患者离开手术室的时候是清醒的，但是在恢复室中“睡着了”，结果再也没有醒来。他认为盖博雅拉失去意识是因为“美索比妥过量”，这是一种麻醉药物，他们在麻醉监护过程中就是使用这种药物。美索比妥是一种短效的巴比妥药物衍生物，用来让接受最低限度侵入型手术的患者进入“半睡半醒”状态。然而美索比妥是能置人于死地的。这种药物的副作用之一，就是呼吸抑制——让呼吸变慢，并且一直维持在缓慢的速度，就算血液中的含氧量已经降到致命程度也一样。这也就是要使用氧气面罩的原因。负责麻醉的人必须在手术过程中密切观察患者的呼吸频率和清醒程度——这点在术后也一样重要。必须保证患者维持清醒、有反应且能在氧气面罩取下后自主呼吸。

在候诊区的秘书紧急提醒柯瓦奇医师，表示盖博雅拉看起来已经没有呼吸后，柯瓦奇医师和莫顿护士就开始为盖博雅拉施行心肺复苏术，直到救护车抵达，然后将她送往艾姆赫斯特医院为止。但是太迟了，盖博雅拉已经陷入不可逆昏迷。接下来的 6 年，她都维持在植物人的状态。2002 年夏天，盖博雅拉终于辞世，而我的责任就是要重建 1996 年 9 月的那一天，事件发生的确切顺序，进而代表纽约市确定盖博雅拉的死究竟是意外还是医疗并发症所致。

我在那天下午 3 点的轮巡中，大胆地提出了验尸后的初步判断。“如果艾姆赫斯特医院没有先检测美索比妥的含量，那我就只能说死亡方式是‘胚胎 7 周时，母体进行选择性流产手术导致呼吸骤停的长期植物人状态’。我正在等死者家属的律师将医疗记录送来，但是现阶段我比较希望可以把死亡方式判定为意外。”

“为什么不是医疗并发症？”赫希医师问道。

“我不认为长期植物人状态是流产手术的可能并发症之一。本案一定有重大失误，不论是发生在麻醉过程中还是术后监测中。除此之外，那位医师自己认为是‘美索比妥过量’，就已经证明了事件中有管理不当之处。这起案件是一场意外，不应该是医疗并发症。”

“解剖过程中发现了什么特殊的地方吗？”图里医师问道。

“不算什么特殊的，就是核桃脑和肺炎。”我回答道。核桃脑是诊断时的一种速记法，形容大脑因为长期处于植物人状态而萎缩，但又不像靠呼吸机维持生命的大脑般呈软烂状。核桃脑虽然外形缩小变硬，可是形状以及偏灰的颜色就跟健康大脑一样。肺炎是最后致死的原因，是长期处于植物人状态的住院患者常见的并发症。盖博雅拉死后，州立职业医疗行为办公室就做过调查，我向内部法务部门要了一份调查记录。

6 周后，我收到一大沓报告，开始认真研究报告内容。报告揭露了不少相关细节和问题。柯瓦奇医师是在东欧念的医学院，在美国境内只完成了一年的住院医师培训。他没有妇产科的专科执照。盖博雅拉来到诊所的那天，柯瓦奇医师在一个半小时的时间内还进行了另外7 台流产手术，平均每台手术花费时间为 11 分钟。他自己的记录显示，每位患者在恢复室内互相重叠的时间至少 10~15 分钟，柯瓦奇医师的诊所就是一间堕胎工厂，进行流水线般的医疗工作。

柯瓦奇医师的执业行为经彻查后被认定为“严重违反标准医疗行为规则”。他本应提供心跳与呼吸监测仪、血压计，并需备有紧急救治时所需的急救工具车，但以上这些在这间诊所中皆无。警方找到许多过期药物，还没收了好几瓶使用期限是两年前的麻醉剂。莫顿护士的记录，将在术后被他留在恢复室、没有连接任何监护系统的患者状态描述为“昏昏欲睡”。莫顿将盖博雅拉推到恢复室后，就立刻回到手术室里为下一位患者麻醉了。等到柜台负责管账的秘书小姐发现盖博雅拉没有呼吸的时候，她的大脑已经缺氧好几分钟——但是柯瓦奇医师和莫顿护士得先把手术室里的新患者从昏迷状态中唤醒，才能把盖博雅拉推进手术室里实施心肺复苏术。

总的来说，医疗记录和当时的警方报告足以让我相信盖博雅拉的死并不是糟糕的治疗结果导致的，也不是一个简单的失误。即便在计划周全并且一切都顺利发展的情况下，医疗过程也有致命危险，如果最后患者不幸丧命，我可能就会把案件判定为医疗并发症。医师也是会犯下致命错误的人，而这些案件之中的确有些会被我判定为意外。但是这次的案子尤为糟糕。柯瓦奇医师诊所中劣质的医疗行为让原本可以避免的创伤变成无法避免的事实。医疗过失让盖博雅拉死在应该照料她的人手里。这算凶杀案吗？

我带着案子到赫希医师的办公室，告诉他关于过期药物、设备不足、员工未经培训且资格不符，以及患者治疗时间重叠的事。赫希医师毫不犹豫地同意了我的观点：盖博雅拉的死亡方式应该被判定为凶杀。“但是，”他提出建议，“在结案前，你要先通知地方检察官，确认他们在 1996 年的调查内容与职业医疗行为办公室一致。”

最初处理这起案件的地方助理检察官在好几年前就退休了。我跟纽约警局特别调查组的领导谈过，他把我转介给负责凶杀案的人，这人当时正在度假。接着我又找了一位地方助理检察官，她的专长就是处理悬案。她听完后态度平淡，但是同意为我提供当时的所有记录和文件让我独立调查。这就花了她 5 个月。等到我终于收到所有信息的时候，已经是 2003 年 1 月 22 日——美国最高法院裁定罗伊诉韦德案（ 1973 年美国联邦最高法院针对罗伊诉韦德案，通过堕胎合法化。——译者注）的 30 年纪念日。

文件内容令人难以置信。我先从麻醉护士莫顿在民事法庭被盖博雅拉家属提起诉讼时的证词开始看起。整份文件的前半段实际上都在讲另一个案子，他在那起案件中让另一位女子陷入昏迷——就在盖博雅拉的事件发生后 6 个月。当他被问道：“你认为这名患者术后陷入昏迷的原因是什么？”莫顿的答案是“我不知道”。

莫顿在庭上清楚表明他相信自己的职责——用他的话来说，就是“对患者的照护”——在手术结束后也就跟着结束了。身为专业医疗人员，怎么能放着一位明显意识不清的女子就这样独自坐在办公椅上，没有任何监护仪器，然后医疗人员竟然就接受了患者在5分钟后陷入昏迷这件事？这实在太没良心了，甚至可以说是犯罪行为——但案子最后没有任何犯罪裁决。医学委员会没有权力起诉他。有权力的是皇后区地方检察院，但是他们没有行使这个权力。州检察长也调查了这起让盖博雅拉陷入昏迷的事件，他们同样没有采取任何行动。警方从头到尾都没有逮捕任何人。那我现在能够把盖博雅拉的死亡方式判为凶杀吗？

我又来到赫希医师的办公室。“如果盖博雅拉到诊所接受流产手术，然后对美索比妥产生致命过敏反应，我就会把案子判定为医疗并发症。”我说，“如果莫顿因为自己粗心，在患者身上用了10倍量的美索比妥，那么死亡方式就是意外。”赫希什么都没有说，我知道他的思考速度一定已经比我快了一步。“但是如果让医疗并发症和意外都在没有注意到的情况下发生，造成患者可能因为一个极小的问题，比方说镇静剂过量，进而在接受麻醉后陷入脑死亡，那就等于是在等着意外发生。这是铁证无误。”

我的上级挑了挑眉。“不完全算是铁证，但是你说的没错，我同意你的调查结果，这起案件唯一的合理判定就是凶杀。”我在1月23日签名递出死亡证明书。在编号7F这一栏，关于创伤发生的原因，我写下“严重医疗疏忽”。

第二周，打电话给我的警察口气满是不耐烦。“这个案子里的犯罪行为是什么？”案子现在被送到凶杀组，把案件送到地方检察院变成他的责任了。

“这你就要问地方助理检察官了，”我回答，“我能够告诉你的，是严重医疗疏忽造成盖博雅拉·阿隆索死亡。至于判定刑事过失就不是我的职责了。”我的答案没有让警察高兴起来。虽然我把死亡方式判定为凶杀，不代表地方检察官就认定案件有值得起诉的刑事违法行为，但警方仍然得进行调查。

我后来再也没有收到这位警察的消息，我也不知道皇后区地方检察院最后决定怎么处理这起凶杀案。

PART 10

DM01

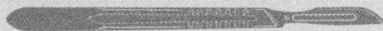

我在医学院上学时最要好的朋友之一，是曼哈顿上东城区斯隆 - 凯特琳纪念医院的肿瘤科医师。2001 年 9 月 11 日早上，她一看到新闻，马上赶到离家最近、位于世贸中心北侧约 8 千米处的创伤中心。一进医院大门，她就看到各科医师同行——心脏科、皮肤科、老年病学科——全都在急诊室入口待命，准备协助救治伤员。他们忙着收集急救床、按伤重程度分隔出分区、备齐夹板和绷带，然后大家就一起屏气等待。

电视机上播放着现场的画面，大楼冒着大火，大楼崩塌。摄影机拍到曼哈顿下城区的街上满是惊恐的群众。我的肿瘤科医师朋友每隔一会儿就瞄一眼急诊室大门，等着救护车一辆接一辆、警笛大作地开到上城来。时间一点一滴在流逝，患者并没有送来，急诊室里的医护人员开始觉得情况不妙。到了傍晚的时候，事实胜于雄辩，没有患者被送到曼哈顿下城区以外的医院，没有按伤重程度分区的需要，受害者都死了。

死者被送到首席法医办公室，我就在现场。我是当时待命，以及之后 8 个月全身心投入大屠杀之后的遗体和证据辨识工作的 30 名医师之一。眼见着世贸中心事件中的死亡人数一笔一笔累加上去的经历改变了我，也改变了我的同事，还有后来数以千计、不分男女的“营救人员”。

我看着美国航空编号为 11 的班机飞了几秒，然后撞上世贸中心双子塔的北塔。那天早上我在 30 街上赶着要去上班，喷射机的引擎声太大，让我忍不住抬头想看看到底是怎么回事。在那个同往常一样美好的日子里，飞机出现在城中的摩天大楼后方，在湛蓝的天空中低空飞行着。我担心了几秒。八成是要进肯尼迪机场的飞机用了非正规的降落方式吧，我对自己说，然后继续走完进办公室前的最后一段路。当时的时间是 8 点 45 分。

我把提包丢在培训人员办公室，5 分钟后就在走廊上遇到格雷汉姆。他看起来惴惴不安。“你听说了吗？刚刚有架飞机撞毁在世贸中心了！”

“什么？”

“他们猜测是赛斯纳小飞机或是游览飞机。新闻正在报道。”

“是客机！”

“嗯？你怎么知道？”

“格雷汉姆，我看到一架客机！是一架大型喷射客机——真的很大的那种！我的天啊！”

我们下意识冲到办公室去看情况如何。所有人都在调查员办公室里，眼睛紧盯着一台小电视。画面锁定燃烧的大楼，主播的声音不断传出，说目前状况未明，但是消防车已经全都涌进了曼哈顿下城区。

我们只知道一件事：不论飞机上的乘客有多少人，这一定是一起“重大伤亡事件”。弗里曼、格雷汉姆和我决定在验尸房忙起来之前先尽一份力，于是我们走到托达尔小店，一家位于第二大道转角的小杂货店，买了许多补给品，以便晚些时候让大家补充体能用。我们带着面包、冷拼、汽水和水果要回到办公室的时候，辛普森医师在大门口等着我们。“又一架飞机刚刚撞上第二栋世贸大楼了，现在另一栋楼也陷入火海，”她说，“这是恐怖袭击事件。”

赫希医师打算召集一组人马到现场弄清楚状况，并且在现场架设临时验尸房。其他医师和技术人员全都整装完毕，像平日一样进入验尸房准备上工，那天早上照常有验尸案件等着完成，因为纽约市在9月10日那天，还是有人以寻常方式死去。我没有被分发到验尸案件，于是决定待在培训人员办公室里完成书面报告，直到有新的指令下发为止。光是站在办公室看着浓厚的黑烟从两栋大楼中不断窜出，对任何人来说都毫无帮助。

我坐在桌前，想要专心把在7月的热浪中慢性酗酒死于家中的腐尸案报告完成。这案子是再平凡不过的自然死亡案件，但我发现自己一直盯着调查员的报告——就只是盯着，不是在阅读。10点过后不久，图里医师敲了敲我办公室的门。她看起来快崩溃了。“双子塔大楼的其中一栋刚刚崩塌了。”

我花了一会儿时间才听懂她说了什么。“什么？什么意思？”

“他们说是发生了另一起爆炸事故，等到烟雾散去的时候，大楼已经消失在视线中。建筑物倒落在路面，另一栋还在燃烧，他们现在觉得另一栋也要倒了。”我什么话都没有说，我无话可说。“还有一架飞机撞上了五角大楼，五角大楼也起火了，新闻一直在报道。”图里回到走廊，到下一个办公室去传递消息。我起身冲下楼。

调查员办公室里空无一人。通过电视画面可以看到整个曼哈顿下城区都被浓烟和灰烬掩盖，只剩左手边的大楼还耸立在原地，右手边的大楼已经不见了。我全身发冷、皮肤发麻。

事发的第一时间，我还不知道到底该怎么做，但我不想回到办公室等着别人发号施令。我走出大门，站在门口深思。办公室外一点烟雾的迹象也没有，我站在外面的时候，有几辆纽约市警车鸣着警笛呼啸而过。几位巡警带着“禁止进入”的黄色警示塑料带，沿着第一大道 520 号旁拉出封锁线。

新闻更新，另一栋大楼也倒了。我在培训人员办公室外看到格雷汉姆和弗里曼。我们三人正站在那儿，想着自己该怎么做的时候，佛洛蒙本医师走了过来，一脸惊魂未定。“赫希医师回来了，”佛洛蒙本说道，“他受了点伤，但没有大碍。他们当时在世贸中心跟消防队长讨论该怎么做，结果第一栋大楼倒塌了，所有人都被震波和碎石波及。”我发现自己憋着气，得提醒自己不要忘记吐气。“黛安的脚踝断了。日尔森肋骨骨折，手肘挫伤。丹·斯皮格曼被飞射而出的砖头砸中头部，短暂失去意识，但现在已经没事了。”

“头部创伤？”格雷汉姆警觉地指出。

“斯皮格曼正在接受断层扫描检查，赫希医师受了点挫伤和撕裂伤，伤口需要缝合。他受了不少惊吓，但是伤势并不严重。”佛洛蒙本医师说完了，但我们三人还是看着他，什么话都说不出来。他转头想想，似乎做出了决定。

“我想让你们对现在的状况先有点心理准备。我看到赫希医师的时候，他全身被白色灰烬覆盖，头上有血。他跟我说，现场的画面之惊人，他从来没见过。不断有民众从大楼上跳下或跌落，感觉坠楼者好像要花一辈子时间才会落地，过程中不断在空中翻滚。这些人会重重地撞击在人行道上——非常大声——然后弹起，再次坠落。赫希医师告诉我，人体击中地面的声音在大楼之间回荡，一次又一次，一声又一声。”我的手不自觉地举起来想掩着嘴，被我自己勉强压了下去。“大楼倒塌是一瞬间的事。在建筑的碎片之中，他看到四处都是残肢。我们不知道会有多少遗体，也不知道他们送来时的状况会是如何。我听说大火还没被扑灭。”

他跟我们每个人四目相交，确认我们的反应。“我要你们明白自己即将接下什么任务。你们将面对钝性重击和高温灼伤的遗体，跟过去看过的案子不同，程度可以说严重很多。”

“遗体什么时候开始送进来？”弗里曼问道。

“我们不知道。下午 1 点在大厅会有一场简单的报告会，请务必参加。在那之前，不要跑太远。”说完，佛洛蒙本医师就离开了。

格雷汉姆和弗里曼看起来活像刚被抢了一样，我的感觉也差不多。我们三人静默地回到办公室，但我再次无法忍受静坐在原地什么事都不做的感觉。我回到身份鉴别办公室，想要听听新消息，可是办公室里除了电视以外，没有人有新消息，而电视新闻只是不断放送着谣言和恐惧，画面重复播放飞机撞上大楼，以及大楼崩塌的画面。我搭了电梯去找海斯医师，他面如死灰地告诉我他刚见过赫希医师。

“他还好吗？”我问。

海斯静默了半晌。“你知道吗，今天以前，我从没觉得这男人年纪超过 55 岁。”这是他想了半天的回答，但已经道尽一切。

报告会开场的时候，有 40 个人聚集在大厅。因为有几个法医从其他地区赶来加入，所以首席法医办公室的医师人数比我之前看过的还要多。我透过大厅的大窗户看到警方早些时候拉起的封锁线已经换成路障。他们把第一大道完全封闭，并启用木制路障和武装警察将我们的大楼包围起来。

首席法医办公室的执行长官戴维·奇姆伯格临危不乱，开始主持会议。“现阶段，危机处理是你们最艰难的挑战。”他对着众人说：“4 万人在双子塔大楼工作，我们没有办法得知当时有多少人在大楼里，也无法确认大楼倒塌之前，有多少人已经逃出。死亡人数将是数以万计。我们还不确定发动攻击的是谁，不知道他们有没有使用生物武器或化学介质，也不知道之后还有没有其他针对纽约的袭击事件。联邦灾难善后小组会在重大伤亡事件中提供专业人力资源，他们已经在赶来的路上了。我们在世贸中心附近成立了控制中心——大楼倒塌后该处又被称为世贸中心遗址。但是辨认遗体的主要工作还是会在这里进行。”

戴维把发言权交给佛洛蒙本医师。“4 辆柴油冷藏卡车已经在路上，用来当作遗体的移动安置处。”佛洛蒙本说。如果有需要，还会有更多卡车前来支援。

“那些卡车是灾难善后小组的资源吗？”有人问道。

“不是，”他平静地说，“是UPS和联邦快递。我们需要冷藏卡车，他们是拥有这种车辆最多的单位。”有人又提出了关于卡车的疑问，但是佛洛蒙本打断他的发言。“现在不是问答时间，请让我告诉你们应该知道的信息。”整个大厅瞬间安静了下来。

“为了应对这起事件，我们会使用新的鉴定系统。这些遗体都要使用‘D’字母开头的编号——案件号码会是‘DM01’开头，代表的是‘曼哈顿之灾2001’。我们要使用拇指概测法。”佛洛蒙本开始解释，“如果你手上的样本尺寸大于拇指，这个样本就会获得一组DM号码。如果你找到的样本尺寸小于拇指，但仍有助于辨识身份——如一截带有完整指纹的指尖，或者是一颗填补过的牙齿——也要将其编上DM号码。各位医师，”他环视站在人群中的我们，“要不要派发DM号码的决定权就握在你们手里。”

佛洛蒙本医师停了一下，让我们消化刚刚接收的信息。这些遗体，或者说其中的大部分都已经支离破碎，成为残肢碎块。“符合拇指概测法的样本，就要受到与一具完整遗体一样的待遇。我们宁可发给来自同一具遗体的不同样本部位好几组编号，也不要因为没有调查某个特殊的样本部位，导致最后无法完成遗体身份辨识。考虑到这次工作的规模之大，我们可能会遇上的状况包括整具遗体只找回一根手指，如果我们可以通过这根手指找出原本的主人是谁，那么我们就尽到责任了。这种事，”原本沉着冷静的佛洛蒙本医师突然提高嗓音，“这种事就是我们唯一、也是最重要的目标，我希望你们能铭记在心：找出这些人的身份，让他们的家人知道他发生了什么事。”

我的大脑快速吸收这些信息，试着让自己冷静以对。曾经有人告诉我，纽约市首席法医办公室跟其他地方一样，都已经对重大伤亡灾害做好万全准备。资深员工都受过全面的训练，定期演习，并且预备好灾难应变计划。现在我们就要实际执行这些计划了。问题是，我在纽约不过待了 9 周，从来没有参加过任何灾难演习。

“目前我们最大的难题就是沟通，”佛洛蒙本继续说，“我们不知道什么时候遗体才会开始送进来，以及如何被送来。有人通知我们，第一批遗体已经利用东河穿越障碍，往我们这边送来，但是我们没办法得知这批遗体什么时候才会抵达。”我们将会以“处理小组”的方式工作。每一组成员都会包含一位法医鉴定人员、一位摄影师、一位法医病理学家。佛洛蒙本说，按照灾难善后小组的指令，各种专科的鉴定人员将从各地赶来支援，包含牙科、人类学科等。我们的办公室会被改造成复合式中心，配有帐篷、卸货区和停车场。“首要执行的任务是 DNA 采样，这是对遗体采取的初步处理。完整的遗体优先处理，残肢碎片其次。等到电话线恢复运作之后，我们的办公室就会开始接一般死亡案件的通报电话，但是短期内都无法接手遗体了。如果有人死在家里，那他就得被留在现场，至少今天之内必须如此。”

“如果是街头凶杀案件呢？”有人提问。

“那么警方就得封锁现场，等到我们有人能够前往现场处理为止——但是我再说一次，不会是今天。”他告诉我们，大家都不能使用电话，要让线路保持通畅，以便进行必要沟通时使用。那我们自己的家人呢？“他们可以等。”佛洛蒙本医师在会议结束前提出明确的指令：“我们要留在这里，处理这起事件，直至收到进一步通知为止。”

我在走廊上遇见赫希医师。他已经把自己清理干净，但是额头上还有几处擦伤清晰可见。他看起来体力耗尽、疲惫不已，走路一瘸一拐的，右手肘部还包着纱布。我从没见过赫希医师被任何事撼动过，但是这个聪明绝顶的男人、优秀的领导者，现在看起来十分脆弱。我想要给他一个拥抱，但是又怕自己会弄疼他，所以只是伸出手，他把手指放在我的手掌中，我揉揉他的手指，然后把他的手翻过来，他肮脏的手上满是瘀青和伤口。“你看见这些挫伤了吗？”赫希医师问道，声音听起来与晨间巡视时一样。“这是一名男子蹲下来双手抱头导致的伤。”他边说边做出动作，一瞬间看起来既衰老又惊恐。然后，他什么也没说就离开了。我看不出赫希是想要教我什么，还是在对我诉说心里的感受，抑或两者皆是。

到了下午 4 点，说好要送来的遗体还是没有任何消息。我们已经等开工等了 7 小时，对于这样的延误感到一头雾水。“他们必须评估遗体是否带有生物武器，”佛洛蒙本说，“请不要对外说出这条信息。”格雷汉姆被指派接下第一轮的夜班，佛洛蒙本医师要我回家，第二天早上再到办公室。

大批民众跟我一起沿着莱辛顿大道往北走，但是大家都静默不语，高峰时刻呈现如此情景实为罕见。酒吧里满满都是人，大家都望向电视机。街上的人不像平时一样避免眼神交会，每个人全都正面直视彼此的双眼。偶尔会有人发现我穿着法医的外套，把我拦下，问我是否到“那里”去。我告诉他们我没去，然后继续往前走。

9 月 12 日早上，第一大道上站在路障旁的警察检查了我的证件后放行。我们的办公室已经变成重大伤亡灾害多功能中心了。一夜之间，已经架设了好几顶白色帐篷和吊幕，建筑物后方卸货处停了 4 辆冷藏大卡车。

8 点整，我们在办公室集合。佛洛蒙本医师看起来一夜没睡。他向我们简单报告了第一批遗体的状况，并提醒我们可能面临的景象。我们将只进行外观检查，佛洛蒙本强调，就算我们接到的是完整遗体也一样。遗体大多会从维西街的临时太平间用救护车送进来，该地就位于世贸中心北侧。

“消防员称其为‘大堆’，所以，你们要开始习惯听到这个名词。”佛洛蒙本拿下眼镜，揉了揉眼睛。“你们将在户外工作，就在吊幕下。只要专心处理手上的工作就好，一切都会好起来的。”

卸货区有 6 个工作站点，每个站点都有一张很大的金属台面，放在锯木架上当作桌子，还有一台推车上放满了我们会用到的工具：采集 DNA 用的小瓶、用来剪开衣物的创伤剪刀、手术刀和镊子、拍立得相机、贴尸袋用的大张标签贴纸，还有一盒比较小的红色袋子上写着“生物性危害”，用来装遗体残块。现场还有几张高脚椅，让纽约市警局的警察和记录员轮流坐。警察们来自两个部门——失踪人口组和凶杀组，记录员则是纽约大学医学院的学生，还有几位病理科医师。另外有 5 名左右的联邦探员在工作台四周穿梭走动，他们全都理着小平头、穿着 FBI 风衣。

卸货区最后方有一大沓黄色文件夹，每个文件夹里都放了一张空白的人体图表、一张拾获财产登记表、一对用来挂在脚趾上的标签，还有一沓标签，上面预先整齐地印上了 DM01。当我看到 DM01 后面还有六位数的时候，简直惊讶得说不出话来。“我们真的准备接收超过 10 万具遗体吗？”我问史密迪医师，她跟我在同一张工作台做事。

“不，”她说，“但可能会有 10 万块残肢碎片。”

DM01-000041 是一具压碎的头颅和躯体。这是世贸中心袭击事件中交到我手上的第一起案件，瞬间就让我不知所措。

我从没见过任何类似的案件。遗体完全被压碎，主要器官都被挤出体外，部分还通过血管和结缔组织跟身体连在一起，但是其他器官完全不知去向。遗体的四肢都不见了，躯干从肚脐以下被截断，剩下的部位一片漆黑——烤焦、被煤灰覆盖。头部已经看不出来是头部了。喷射机燃料的味道之重，让我一阵晕眩。光是打开尸袋看到遗体，我就已经知道这个人经历了猛力撞击、燃烧、从高处摔落，又被尖锐物品劈开。我看过被地铁和快车撞死的遗体，看过被卡车碾过、被工业器材压扁的遗体，看过从高处跌落、被大火燃烧、被挤扁的遗体，但是从没看过这些情况同时出现在一具遗体上。

我不知道该从哪里下手，于是转身向史密迪医师求助。“梅勒涅克，要记得你现在不是要辨明死亡原因和方式。你的工作项目已经被简化了：身份辨识。要找出任何可供牙医辨识的证据，然后把遗体送去拍 X 线。这具遗体中有不少骨头，X 线可能可以找到过去的手术痕迹或愈合的伤口。”她用双手捞起头部的残余部分，然后把形状捏回接近合理的状态。“遗体上也还有张脸。你尽可能把脸部拼凑成可以拍照的程度即可，之后就交给专家接手。尽力而为吧。”

我深吸一口气，幸亏有史密迪在我身边。我照她的吩咐做，找到还与头部连接在一起的部分右上颌骨。上颌骨中有一颗牙齿加了金牙冠。技术人员和我把头部残余部位拼凑起来拍了张照。记录员把史密迪和我请她记录的重点全都写了下来。DM01-000041 是一名白人，年龄在四五十岁，浓眉，胸毛茂密。史密迪医师坚信这具遗体会被指认。“做得好，继续保持。”

因为我们只进行外观检查，工作速度就很快了。我打开下一只尸袋，找到一条不成形的左腿，其他什么也没有。我记下了长裤碎片的材质，记录员把布料图样画下来。我接着检验这条腿的表面，结果让我发现了一件让我暂停一切动作、无法移开目光的事。一张残缺的银行支票，已经写好银行代码和清楚的姓名，被塞入皮肤底下，深达肌肉组织之中。我用手术刀和镊子把这张碎纸从肌肉中取出，询问史密迪该如何处理这张支票。“登记为私人财产。”她告诉我。警察也同意如此做。警察注意到这条腿上还有黑色碎片，看起来像是来自格洛克手枪的枪柄。我把碎片也取出列为证物。

这只是我在这场灾难中处理的第二件遗体残肢，但我已经被吓坏了。“一张纸和手枪握柄的碎片是怎么跑到人腿里的？”我问身边担任记录员的医学院学生。

“我不知道，”她回答，一脸慌张，“我是要当精神科医师的……”

休息时间到了。眼下已经没有其他遗体残肢要处理，我们要等救护车从大堆那儿运来遗体才能继续工作。我脱掉手套和保护装备，走向救世军（基督教组织）为我们提供补给品的食物区。补给站干净得发亮，那里应有尽有，还有一群我在纽约见过的最友善的人在派发物资。三明治很不错，柠檬水非常好喝。“何不跟我一起祈祷呢？”餐车窗口一位友善的太太这样对我说。她低下头，双手合十，开始祈求耶稣帮助我们度过这段日子。我跟着她低下了头，不忍心告诉她我其实是犹太人，但我心想，我们的确需要各种力量的帮助。

一台载着更多遗体的救护车开了进来，我跟我的小组成员们回头开始工作。很快，我就发现刚刚处理过的被压扁的躯干和半条腿，比起其他从世贸中心遗址送来的遗体，已经算是十分完整了。我打开一个尸袋，里面只有一具骨盆、一根股骨、些许肌肉组织，完全脱离任何连接部位。如果收到一片皮肤，我们就会觉得十分幸运，至少可以猜测死者的人种。现场还送来了一具完整的遗体，是一名戴着订婚戒和结婚戒的年轻女性。结婚戒指内侧刻着“约翰·伊莎贝尔”，被我们登记为待确认的人名。这让我思考是否该为保险起见，在自己的婚戒内侧刻上名字。

接下来送到的一批，全都只剩脚，没别的了。其中一只脚上还穿着球鞋，我们把球鞋拍照后列入证物。史密迪对细节的敏锐度为我们这一组带来的收获是无价的。“第三只脚趾的指甲边缘有一点指甲油残留。”她指出，我把这项发现记录下来。首席法医办公室楼上的一批员工会把这些物证全都输入计算机数据库中存档。

一群留着平头的FBI探员在我们位于户外的工作台四周巡视。“医师们，请留心所有金属证物，像是机身碎片、各种电子仪器，如对讲机或手机之类的物品，”其中一人说道，“任何有阿拉伯文字的纸张我都要。如果发现像是美工刀的东西，请尽快通知我们。”

如果不细想，这些要求听起来十分合理，因为据报恐怖分子就是用美工刀挟持了整架飞机。但过了一会儿，我就意识到他们的要求有多荒唐。这些遗体是从两栋分别高110层的办公大楼送来的，谁知道办公室里会有几千把美工刀？但这些人是FBI探员，他们大概知道一些我们不知道的信息，所以，我们遵守指示，只要发现美工刀就会收集起来。每隔一两分钟，6 个工作台中就会有人大喊："这里有美工刀！"有时候还会有两人同时呼唤探员。"真够倒霉的！"其中一位同事说，他眼前出现了好几打的美工刀。

"不知道他们要过多久才能搞清楚状况，"史密迪在我们的工作台旁用她那冷静的口气揶揄。答案是不需要太久。一个多小时后，这些 FBI 探员告诉我们，已经搜集了够多的美工刀，之后只要把这些刀片跟其他与我们的勘验无关的残骸一同弃置就可以了。

终于到了可以去看看救世军义工提供了什么晚餐的时候，我已经身心俱疲。不过我发现晚餐发放处已经不是餐车，他们改在 30 街旁搭起了一座大帐篷。某个机灵的灾难善后小组派来的人类学医师为它取名为"萨尔小店（救世军全名为 Salvation Army，在此被昵称为 Sa's Place，将救世军原名缩短，变成一般小餐馆的店名风格，故译为萨尔小店。——译者注）"。友善的义工们在派发花生果酱三明治。三明治一个个看起来好像大号的毛茸茸的馄饨。我在心里暗自提醒自己记得给丹尼带一个回家，他最喜欢花生果酱三明治，但我突然想到我先生可能会有这样的反应："你竟然从残缺遗体辨识处带了个礼物回来给自己的孩子！别这么客气！不——你真不该费心的。"这个浮现在脑中的念头让我忍不住笑了起来。笑完以后我的心情好了点，然后又立刻觉得更低落了。"不要笑了。"我告诉自己，这不好笑。"哎，管他的，如果不能笑，我可能就要开始哭了。"我在心里自言自语。我听说所有工作人员都会被强制接受心理咨询，那个时刻，是这既恐怖又不真实的一整天之中，我最认同心理咨询是件好事的时候。

晚餐休息时间过后，我又回到工作台旁。DM01-000096是一条前臂和一只手，它的主人是一位年轻的深肤色女子，有着完美无瑕的法式指甲。DM01-000112穿着网袜，戴着白金婚戒，戒指上少了几颗钻石，内侧刻着“挚爱凯文”。DM01-000123是一名消防员，头部被撞扁了，全身严重烧伤，但是身份马上就可确认，因为他的上衣绣了名字，衣服还附着在他的胸膛上。我在心里决定下一次遇到“活消防员”时，我一定要给他一个拥抱，不论他愿不愿接受。

接着送来的袋子里装着不同遗体的各种部位，全都纠缠在一起，我们得把这些残肢部位分开来，各自分派DM号码。所有残肢都散发着一股汽油味。到了晚上8点，从我上班开始已经过了12小时，我们才处理了110具遗体。这时候，第一辆从大堆开来的货车才刚到。

我惊恐地看着大货车发出“哔、哔、哔”的声音，倒车进入卸货区。尸袋本来是由救护车运送过来，现在已经升级为产业运输等级了。我有点崩溃，差点泪洒现场。我不是唯一有这种反应的人，所有人都垂头丧气，有些人开始祈祷，有些人低声哭泣。这是一台装满遗体和残肢的大货车。

从那之后，一切开始进入没有尽头的阶段。我又继续工作了6小时，案件一个接一个送进来，全都是从货车上卸下来的。大多数都只花了几分钟就完成，有些则需时较长，但没有超过半小时的案件。许多遗体看起来就像是被石杵捣烂了一样。我的第一段DM01班，从9月12日早上8点，一直延续到第二天凌晨3点，共19小时。巡警开警车送我回家，却在我家附近迷了路。“我的执勤区在布鲁克林区外。”他不断地道歉。他很年轻，看起来是因为载了我而特别紧张。后来我明白他的紧张从何而来，因为我当时还穿着沾满煤灰的工作服，半睡半醒，闻起来活像一具焦尸。

我一觉睡到中午，醒来后就陪儿子玩耍，并且尽可能不看电视。

9月14日，佛洛蒙本让我们开始轮值12小时班次，分成早班和晚班，就跟消防队班制一样。那天早上8点我到办公室后，被指派去处理一般死亡案件。毕竟还是有人如常死亡，总得有人去查清楚谁是凶手。下午我会加入“9·11”工作小组，但是早上要先处理西尔维亚·艾伦的谋杀案，58岁的死者在她的公寓中被勒死。

法医鉴定小组的报告显示西尔维亚的女儿艾琳平时每天都会去探望母亲，但是9月11日这天，她想打电话给母亲，电话却打不通了。艾琳心想应该是电话线断了。她母亲住在哈林区，离世贸中心很远，工作地点也不在世贸中心附近，所以，艾琳并不是那么担心，直到过了两天还是联络不上才觉得不对劲。艾琳来到西尔维亚的公寓，自己开门进屋，发现了被捆绑后封住口部的母亲的遗体倒在卧室的地板上，一旁的床垫上还有血渍。她后来告诉调查员，开门前她就闻到尸臭味了。

西尔维亚是我接手的第四起凶杀案件。我打开尸袋，看到遗体严重腐烂，全身覆满蛆虫。验尸房平常就已经是个阴森的空间，那天早上更加令人毛骨悚然。验尸房只有我和技术人员贾姬——只有我们俩，以及西尔维亚的遗体，还有那堆蛆。其他人都在户外，忙着处理来自世贸中心的案件。

正当我开始准备进行遗体外观检查的时候，大楼的火灾警报突然响了起来，有人在走道上对着验尸房大喊：“炸弹警报！现在马上出来！”惊吓和烦躁的感觉同时涌上心头，我把手套、口罩和塑料工作外衣全脱下，扔进走廊上那个标有生物性危害标志的垃圾桶里，除了手术服以外，我什么也没穿戴，紧跟着贾姬冲进屋外的大雨中。

所有在处理世贸中心案件的工作人员也被驱离了卸货区。我们挤在 30 街的骑楼雨棚下站了 45 分钟，同时拆弹小组在大厅里试探地戳着某个哀痛的家属不小心忘带走的提包。“这阵子大家都会比较警觉。”我身后有人这么说道。

“对啊，真是太感谢本 · 拉登了。”我回答。穿着淋湿的手术衣的同事们忍不住笑了，站在一旁听到对话的几个警察则对我们投以惊恐的眼神。

等我和贾姬回到验尸房的时候，只见蛆虫没有被炸弹警报吓跑，还在泰然自若地忙自己的事。西尔维亚的双手被一条绿色的布扭成八字形捆绑住，再用鞋带固定。有一个黑色嘉年华面具被卷入绳结中绑在一起，上面还有黑色羽毛和绿色亮片。她的下巴和颧弓——颊骨——都碎了，部分牙齿脱落，但难以辨识是创伤所致还是因腐烂造成。我写了张纸条准备征询牙医的意见。她的头部被一件白色缎面衬衣松松地套着，另外有一件白色坦克背心紧紧绑在她的颈部，背心底下可见扁平肌上有出血现象，声带位置的甲状软骨有撕裂伤。

验尸过程花了很长时间。严重腐烂导致的尸体变化让我没办法快起来，除此之外，我还得进行强暴检测。不过从某种程度上说，在经历了地狱般漫长的 19 小时世贸中心案件班次之后，我还是有点高兴能回头来处理平日的案件。凶手对西尔维亚所做的事，比起那条穿着网袜的腿的主人，或是指甲上涂着紫罗兰色指甲油的女子，或是我在户外工作站处理的其他所有遗体的遭遇来说，并非不残暴，也并非不冷血，但是西尔维亚至少还有个名字，有个为她哀悼的女儿，警方也会去追查杀她的凶手。验尸、强暴检测、压碎的颧弓和出血的扁平肌，这些事情我已经很熟悉。

验尸完成后，我换上手术袍，走到户外加入世贸中心案件的工作团队。我很高兴看到我们的人类学家，也就是跟着赫希医师在世贸中心南楼倒塌时受伤的艾美·日尔森已经回到工作岗位上。工作站指挥处架设了一张新的工作台，她就站在那里，把这些死于那场差点让她也送命的恐怖袭击中的死者遗体分门别类。我跑过去准备给她一个拥抱，但是一靠近她，我就停住了。日尔森的额头上有一道长长的挫伤，肋骨的位置还被厚厚地包扎着。“你该看看我背上的惨状，”她说，“我简直像是被鞭打过一样。”她在我脸上轻轻一啄，然后又回头去工作，她负责分辨每个送来的尸袋里装的是一个死者的遗体残肢，还是 2 个死者，或者 6 个，甚至更多。

在上一个班次结束前，X 线片显示一名女子还戴着婚戒的被截断的手掌，竟完全埋入一具完整的男性躯体之中。我们不能先入为主地认为一起被发现的残肢就属于同一位死者。我的工作台一连串地处理了一位健壮的消防员、一名穿着蓝色短裙和针织坦克背心的年轻亚洲女子、一名脸部粉碎的白人男子。剩下的尸袋中都只装了残肢碎片，而且碎片的大小随着时间推移，好像也变得越来越碎：先是手和脚，然后是髋骨，接着是断落的肠子、表面满是灰烬的肌肉、皮肤碎片。

等我们完成勘验，记录好每一块组织之后，这些部位就会被送到第四台冷藏货车中，就是那种专门运送易腐烂物品的大型货车，车子就停在后面。遗体残肢在接受勘验的时候必须被冷藏保存，但我们在工作站处理完这些从世贸中心送来的遗体之后，没有地方可以冷藏存放它们。一号货车负责冷藏完整遗体，二号货车存放残缺遗体，三号货车放残肢，四号货车就放其他碎片。为了对大批前来协助的义工表示尊重，主管要求医师避免使用“尸体”“残肢”或“碎片”等词。我们必须委婉地使用货车编号来代称：“我有一些四号货车对象要处理，然后我会接着处理那些刚送来的一号货车对象。”所有的货车上都披挂着美国国旗，柴油引擎发出的嗡嗡声，是停车场上唯一的声响。

这一个班次在晚上 8 点时结束，我已经精疲力竭。平常处理腐烂尸体的案件已经够难了，但是要在那之后的 6 小时中继续处理世贸中心的案件，这让我累得连冲澡的力气都没有，即便我知道自己满头满身都是腐尸和燃油的臭味。我只想回到老公和儿子身边。

第二天有两辆巡逻车开到多功能中心来，4 名警察走下车，整齐划一地走向帐篷区，其中两名警察一起端着一样物品，那是一只靴子。我后来才知道这是一只空靴子，因为这是一只州警制服靴，被郑重地护送过来交给我们。靴子被送到处理私人财产的帐篷里去了。

从大堆送来的遗体残肢已经开始出现腐败现象。空气中的气味改变了，从浓浓的燃油味变成了腐肉的味道。要从皮肤颜色猜测死者种族变得越来越难，送进来的遗体残肢烧焦的程度越来越严重，因为世贸中心遗址底下的火还在燃烧着。我开始担心那些负责运送遗体、全身被煤灰覆盖的消防员和警察，他们看上去一天比一天更憔悴。每当我们辨识出他们之中的一员时，他们就会在我们身边停一停，告诉我们这个死者的故事，诸如这个死者刚刚流感康复回到工作岗位，或是他的孩子快要过生日了。

一群医学院学生叽叽喳喳地来加入义工行列，那天早上我被指派去培训他们。在带领他们转过一遍帐篷工作区后，对于即将看到的景象，我给他们提了个醒——腐烂的尸体、碾碎的尸块，还有恶臭。我给了他们几个小建议：“戴两层发网。头发包得越紧，它吸附的臭味就越淡。小心选择手套，确认手套合手。不要看那些贴在纽约大学、地铁站或其他任何地方的‘失踪人口’告示，看了只会让自己压力倍增，我们需要你在现场时能够心无旁骛、全神贯注。”

托马斯推着加了雨篷的推车，带着丹尼，在我 12 小时班次中间的晚餐休息时间来找我。他们就站在警方的路障外等待，我先生一脸怒气。

“怎么了？”我问道。

“第二大道上的卡车。”他只说了这些我就懂了。我们从第二大道东边开始停放备用冷藏卡车，以备一号到四号卡车装满后替换。卡车从袭击事件第二天就陆续抵达，现在这些大吨位重量级卡车已经满满地停了 3 个街区。托马斯得推着婴儿车从中央公园一路走到我位于 30 街的办公室。

“我的老天，”眼前的景象让他瞠目结舌，“大概有 24 辆卡车吧，而且每一辆都超级大！每一辆大概能装……我不知道，两三百具遗体吗？”我一边点点头，一边把丹尼从婴儿车上抱下来，我们三人一起走过封锁线。我不忍心告诉托马斯，其实没那么多遗体，至少不是完整的遗体。他不需要听我说我们在工作站采取 DNA 样品之前，得先拼凑尸体残肢碎片的事，也不需要知道有些残片我们还得用试管储存。

这些事我改天再告诉他就可以了。

“而且没人知道原因，”他继续说，一边以一种机械的动作收拾推车，然后把推车挂在手臂上。“若不是你，我也不会知道。大家都走在第二大道上，过着自己的生活，没人发现这些货车的用途是什么。”

“一、二、三，荡秋千！”丹尼要求。托马斯抓着他的右手，我抓着他的左手，每走三步就一起把他举高。

“这么多货车，停满一个又一个街区，朱迪，我真不知道你是怎么办到的。”

“靠训练啊。”我认真地回答他。查尔斯·赫希、马克·佛洛蒙本、芭芭拉·辛普森、莫妮卡·史密迪、苏珊·伊莱，还有另外6个资深医师教会我要怎么做，他们告诉我如何以公共健康领域的专业人士身份，逐步破解重大伤亡事件，把事件变成可以解决的问题，一一化解，然后继续前进。如果没有他们的教导和示范，事件发生的24小时内我就会放弃了。“这是我的工作，也是我受训的目的，我就是这样做到的。”

“高一点！”丹尼要求道。

“好，失重了喔。准备好了吗？”他的父亲问他。

“失重！”丹尼大叫。

“一、二、三——耶！”我们一起喊着，一边把小男孩抬得老高。他享受失重感约莫半秒钟时间，然后重重踏上人行道，两条手臂长长地挂在我们之间。

“嘣！”丹尼说。然后他又跳了起来，再次落地，重复为自己配音。托马斯和我低头看着他，脸上忍不住露出微笑。我帮丹尼把三明治包装打开，吸引他走向我。这是我午餐休息时间在救世军帐篷拿的。

“我不明白为什么萨尔小店的人总是要我跟着他们一起祈祷，”我们走向第三大道上简陋的小餐馆时，我对托马斯说，“而且他们总是对着我说主爱你、耶稣爱你。我很感谢他们的好意，他们都很友好，但是这种招呼语实在有点让人不舒服。”

托马斯停下脚步，看着我的模样，仿佛在等着我说出自嘲的话。“你这是在开玩笑吧？”

我一时有点不知所措。“哎，我也不是不懂得感恩，只是我想我还是不太习惯大家都变得这么强调宗教。”我先生笑了出来。丹尼加入了他的阵营，丹尼从不放过这种机会。“有什么好笑的？”我有点受伤。

“朱迪，救世军是基督教组织啊。”

“什么？”我惊讶极了，“你怎么知道的？”

“它的名字叫作救世军。”

这下换我放声笑了出来。“我一直以为救世军的‘救世’是指‘救助’的意思——你懂我的意思吧？就是捐衣服什么的！”托马斯听完也笑歪了。“难怪他们一直都这么亲切！”我们笑到直不起腰，只能先停下来弓着身体喘口气。

这就是我在 2001 年 9 月 15 日的晚餐休息时间：不顾死亡带来的沉重、那些拨给家属的电话、冷藏卡车的引擎声，就这样放声大笑。丹尼跟着我们一起笑，因为他的父母看起来好像很开心。而在那一小时的时间里，我们的确如此。

大楼倒塌的时候，无数民众来到世贸中心现场，自愿徒手协助挖掘生还者，人数多到警方不得不婉拒涌入的义工。不过几小时之内，整个纽约市里每一家五金行的工作手套、铲子和手电筒就卖光了。我开始觉得自己能在灾难复原系统中担任明确、重要的一分子是很幸运的事，而且每当我看到报纸上写到哪个家庭深爱的成员身份被辨识出来的时候，我就会受到一次赞赏。小孩子们写好的纸条，包着糖果或燕麦棒，从全国各地寄到我的信箱里。我最喜欢的一张纸条至今还挂在我的办公室里，出自爱达荷州一位小学四年级的孩子。纸条上写道："谢谢你！你会因此上天堂的！"

每天我都看着纽约市的普通百姓，用慷慨与创意尽己所能地帮助我们辨识死者身份，他们的行为鼓舞了我，让我重新充满力量。在纽约市起家的著名企业也伸出援手，且丝毫不在意宣传。"穿几号鞋？"这是我们要问失踪人口家属的问题之一，所以，梅西百货捐给每个工作站一套鞋的尺寸样本。蒂芙尼捐出了戒围尺寸样本。高露洁捐了一大批牙刷，让我们用来在采样 DNA 之前清理骨骼。救世军送了大量食物补给到萨尔小店，我们完全不需要离开多功能中心。

工作治愈了日尔森。她的伤势每天都在恢复，虽然她看起来还是像被痛殴了一顿。她额头上的丑陋瘀青在往下沉淀，这让她的眼睛看起来就像标准的熊猫眼。"你听了一定会大笑，"有天早上她在工作站旁告诉我，"昨天有个警察找我到一旁私下谈话。他看着我的熊猫眼说：'告诉我对你做出这种事的家伙叫什么名字，我帮你解决他。'

我笑了笑说:‘是奥萨马·本·拉登。祝你好运。’他一点都笑不出来。”

赫希医师已经正式回归工作岗位，虽然还有点瘀青，但是他眼中的光芒已经重新点燃。“世贸中心遗址的工作不久后就会被正式定性为灾难复原工作，”9月19日下午轮巡时赫希对我们这么说，“救援工作会告一段落。也就是说消防队之后就不会处理大堆的事了，改成由拆迁公司接手。届时现场的作业就不会再由人工进行，会用重型建筑设备来搬运残骸，各位接收的遗体残肢状况会连带受到影响。”赫希同时宣布，法务团队拟了一套计划，让我们可以根据两份宣誓书发布死亡证明书——一份由失踪人的家属提供，一份由失踪人的雇主提供。“当然一定会有些死者永远无法被确认身份，就算是通过DNA也一样。”他说。在那些案件中，依法定要求，死亡证明书必须有最后看到、听说这个消失人口的人的宣誓证词才可发出。“我们会将法律裁定死亡的失踪人口先进行一次电子比对，接着如果有DNA或其他辨识方法会再比对一次。”

赫希医师在我们进行灾难复原后一周的那天下午，用异常亲切又极富感情的语气表达了感谢之情。“我个人对于各位非常满意，并为一切工作运转有序而感动。我此生从未像现在这样，每一天都为自己的同事和伙伴感到骄傲。”

9月11日之后又过了几周，我也越来越习惯在常规验尸工作和世贸中心灾难复原工作之间切换——日班、夜班还有周末。9月20、21日两天我值夜班的时候，外面下着倾盆大雨，但是技术人员和灾难善后小组在户外验尸房上方架设的帐篷仍滴水不漏。不过在闪电和雷声环伺之下处理腐烂的遗体残肢，这体验还真是挺恐怖的。我跟皇后区派来的一位法医一起值那天的夜班，她是一位态度严肃的海地女人，我之前从未见过她。我们赞叹着萨尔小店那天的晚餐有多令人齿颊留香的时候，她提起了按摩的事。

“按摩？”我问道。原来一家地方企业橄榄叶（美国养生、精油品牌。——译者注）派了一队按摩师来我们办公室当义工，就在 520 号大楼的一楼服务。我们下一段休息时间，这位皇后区的法医就带着我去找按摩师。当她大力赞美橄榄叶团队的按摩有多舒服时，有一个人恰好走出按摩间，不是别人，正是赫希医师。他满脸尴尬的神情，仿佛自己是刚从妓院走出来被撞见一样。

我享受了 30 分钟美妙至极、令人恢复活力的按摩之后回到工作岗位。“因为你的能量中心大乱，所以你承受着很大的压力。”年轻的按摩师用甜美的声音对我这么说道。

我暗自心想，除此之外，我还要上大夜班，在科学怪人诞生时那样的天气条件下，处理发臭的遗体残肢。这些事，加上我大乱的能量中心，所以我的压力很大。

3 周后，完整的遗体越来越少见。有一天，我 8 小时的班中全都在处理碎裂的骨头。还有一天，我拉开一件消防员夹克的拉链，里面空空如也，只有袖子里还留有手臂的骨头。外套的口袋里有几页写着工作内容的纸，借此他便取得了一个暂时身份。我锯开上臂骨，采集了一些 DNA 样本。跟着这件外套一起送来的还有五大桶残骸碎片，混杂着许多细小的骨头和已经风干的遗体残块，包含一只残缺不全的手，手上有一根已经干枯的大拇指，可以用来提取指纹。这些残块甚至也没有腐尸的臭味了，闻起来只有焦炭和灰烬的味道。

在几次夜班中，会有很长时间没有遗体残肢从大堆送来。我们待的地方没什么可以让我们睡觉之处，所以，佛洛蒙本医师就在四楼为我们安排了一间休息室。9 月 29 日我去上晚班的时候，他建议我先去试试看，还向我保证一定会比在办公室那张破旧的折叠床上睡得好，那张折叠床是我用 15 美元向一个纽约大学的学生买来的。但是等我去看过那间休息室之后，我倒是有点怀疑。休息室里，一侧放着一张行军床，另一侧墙边摆了一张看起来像是 20 世纪 70 年代古董的人工皮革沙发床，旁边是一大袋叠好的床单和浴巾，由纽约大学清洁部门提供。夜里 12 点半，我爬上行军床前，因为知道有一位来协助的国防部法医人类学家跟我同时段上班，于是我拉开沙发床想先帮她铺好床单。

"这该死的沙发！"我一边拉开沙发，一边低声咒骂。我的摄影师同事斯蒂芬尼跑来帮忙。沙发床其中一角本该固定住床垫的粗弹簧松脱了，我们两人花了 15 分钟跟这张老旧的沙发床搏斗，越骂越大声，最终还是放弃了。我在那东西上面铺了干净的床单，留了张纸条给国防部的法医人类学家，警告她要往右边睡，以免滚落到地板上。我精疲力竭地倒在行军床上时，手表显示时间已经是午夜 1 点。

1 点 15 分的时候对讲机响了。"待命医师、待命医师，两件 MOS 进案。"MOS 就是现役人员，纽约市警局用这个缩写代称所有穿制服的工作者——警察、消防员、急救人员。我跳下行军床，按下对讲机按钮回话。"待命医师收到，我下楼了。"没有回应。"呃，完毕。我是医师，我要下楼了，完毕？"一片静默。我的传呼机开始疯狂作响。我放弃手上的电子产品，往楼下走去。

15 分钟后，现役人员遗体送达。两个满满的尸袋，各自装着一具完整的遗体。我有点讶异。我已经好几天没看到大堆送完整遗体过来了。这两名死者是消防员，头部被压碎，四肢扭曲，但是粗重的消防装备保全了他们的躯干。

自从 9 月 11 日之后，我就试着放下个人感受，尽量保持专业度，但是这两名消防员实在令人难以佯装坚强。第一个男子上臂刺了两枚小天使的图案，一个底下写着蒂芬妮，另一个则写着小亨利，还有各自的生日，1975 年和 1978 年。他的长裤口袋里有一封消防队抬头的信纸，收信人写着亨利，这封信加上刺青图案，让我们坚信死者就叫作亨利。那封信是退休文件。亨利 50 多岁，已在消防队工作超过 20 年了。他身上穿的保护装备不符合文件上的名字，后来他的伙伴告诉我，飞机撞上大楼的时候，他并没有轮到执勤，但他还是迅速赶到，穿上别的分队的装备，冲进现场。

第二位死者左手上戴着克雷达戒指（Claddagh ring，爱尔兰传统戒指。——译者注），也就是爱尔兰婚戒。我先生也有这样的婚戒。这位消防员的皮夹里有一张照片，照片里是一个年约 9 岁的男孩。我把克雷达戒指从扭曲的手上移除，再也忍不住，泪如泉涌，流进我的口罩里，我不得不停下手边的动作。扯下口罩和手套后，我夺门而出。离开工作帐篷区，在街道上的路障旁，我屈身蹲下，双手掩面，开始哭了起来。

过了几分钟，我站起身，虽然还在哭泣，但是我努力想让自己振作起来。亨利的家人和那位爱尔兰人的家人还不知道他们发生了什么事。他们已经坐在家里等待了超过两周之久，每天只想找到答案。这些消防员去世时还坚守自己的岗位，我也该以同样的态度对待自己的工作。我走回卸货区，抓起一双新的手套和一个新的口罩，回到工作站，重新投入工作中。没有人说话。大家都有过一样的经历。

10 月初的某天，在我要赶去上下午 4 点到午夜的班次的路上，公交车堵在路上，我迟到了——曼哈顿当时为应对紧急情况，实施每车两人乘载管制，但是交通状况还是很差。我的工作站有一个尸袋里装满了被煮熟的骨头。灾难复原工作人员发现这些骨头被压在消防员使用的氧气筒底下。所有东西都被混合在一起，大概有 1000 块小碎片和小到不能再小的块状物，还有灰烬。整个 8 小时班之中，我们都在努力分类——头骨碎片一堆，长骨碎片一堆，肋骨、椎骨也各自分成堆。“好，我已经找出 3 段左股骨前段，表示里面一定有 3 条左腿，”日尔森告诉我们，“所以，你们正在处理的案件中最少有 3 位死者。”我在碎石砾堆中又找出 15 颗完整的牙齿，大多数是犬齿和臼齿。其中一颗牙里甚至还有半熔解状的银填料。几段肠道、布满灰烬的肌肉、用铜线捆在一起的一大沓皮肤，腰带扣、夹克、熔化成一团的硬币，还有从长筒袜中滚出的骨头。

第二天我去找了与我们一起工作的灾难善后小组的牙医，他告诉我他们正准备从臼齿牙龈内部抽取 DNA 样本。“找不到门牙是很正常的，”他告诉我，“人脸正面的牙齿因为不像后方的牙齿一样受到较多牙龈和肌肉的保护，在高温之下门牙通常会爆裂，把牙釉质炸碎。”我希望那些完整的牙齿最后能够透露一些牙医诊疗信息，因为我觉得 DNA 样本应该不会有什么收获。虽然说要破坏 DNA 需要有高得如地狱般的温度才办得到，但是地狱般的高温不正是大堆里的遗体经历过的事吗？

在我们工作的时候，家属就只能等了。我们的同事提供给他们两个选择：可以在我们辨识出任何一处残肢部位时，就通知一次死者最近的亲属；也可以只通知一次，就是我们首次找到这位死者的残肢部位的时候。这种选择题得让死者家属来做，实在很糟糕。事件发生后一个月，我们已经在两份宣誓书政策下，发出了大约 300 张死亡证明书，以法律裁定方式宣布失踪人口死亡。许多家属在连可埋葬的遗体都没有的情况下，看到我们以及负责联系工作的治丧人员还是全力协助他们，让他们能够好好地追悼，都对我们表达了感激之情。不过某些媒体怪罪我们让家属面临艰难的选择——要以何种方式接受通知，赫希医师对此十分生气。“他们要我们怎么做——完全不问家属的意愿吗？”我的这位导师一如往常地挖苦道，“阿尔德森医师教过我，面对记者最佳的反应就是拿出帽子，戴上帽子，转身走人。”

大堆的任务从救援行动变成灾难复原，这对许多消防员来说都不是个容易接受的改变。有一天一位消防队队长来到我们的办公室，跟格雷汉姆讨论一起一般纵火案件。格雷汉姆问他：“你还好吗？”这位队长坦白道出了自己的故事。第一栋大楼倒塌的时候，他就在现场，当时他冲到地铁站里，逃过一死。他的大队长消失前最后的身影，正在前往北塔大楼 73 层的方向。我们还没找到他的遗骸。

那一天，这位消防队队长痛失 11 位队友——11 个朋友丧命。“事发之后最难的一件事，就是上级要我们把当时在场的人列出清单。没人想坐在那里写下一个个名字。我们想要去现场挖掘。大伙儿会上全天班，处理文书工作，下班后就直接到大堆开挖。当时我们认为应该还可以找到一些生还者。但看到开挖的结果之后，我们就不这么想了。但是这一切感觉还是很不真实。”他看着格雷汉姆，看着我——仿佛我们可以告诉他原因一样。但我们没有办法。

10 月初的某天，日尔森戴了一个新的饰品来上班，一枚很怪异的别针——刻着老鹰、锚、燧发枪，还有一把三叉戟。我问她这是哪儿来的。“这是海豹部队（United States Navy Sea，Air and Land Teams，SEAL。美国海军陆战队一般称作海豹部队，是直属美国海军的一支特种部队。——译者注）的别针，”她回答道，“灾难善后小组的人给我的。他请太太从家里的旧制服上面拿下来寄给我的。他说，如果我是军队的一分子，他们就会颁给我一个紫心徽章。”我很惊讶。日尔森微微一笑，“不觉得这很贴心吗？”她把别针别在那件在“9·11”当天救了她一命的纽约市法医制服外套上，那天她在现场时正好遇上南楼倒塌。我问日尔森，那天之后她是不是还回过大堆现场，然后我很惊讶地得知她的确回去过，而且不止一次。“我今天早上就在那里。这就是为什么我这么累。2 点的时候有人发现‘骨灰’，然后他们就用传呼机把我叫去了。”她说的是“焦炭遗体”的简述，那种情况需要她到现场处理。她从口袋掏出一把硬币，一边数一边说：“我要去托达尔小店买咖啡，你要一起去吗？”

我一直以为，日尔森从大楼倒塌现场生还后，心理一定受到了创伤。我们走过第二大道的警方路障时，我向她问起这件事。“我想没有吧，不算有。”她的口气听起来没有故作坚强的感觉。“我甚至搭过一次警方的直升机，回去巡视现场。我问他们能不能让我驾驶看看，结果被驾驶员嘲笑了。我可是认真的！”

“我相信你。”

“反正问问看又没关系，对吧？”

跟她聊过以后，我觉得该是我自己亲眼去看看大堆的时候了。不过我知道我还得先去一趟纪念公园，那里停着我们用来储存验尸过后的遗体残肢的冷藏卡车。佛洛蒙本医师曾告诉我那些车厢在现场庄重的样子，我想要让自己在前往灾难现场前先有点心理准备。我在 9 月 12 日时已经看过第一批卡车，就停放在我们大楼旁的一处泥土空地上。一到下雨天，那片空地就变得满地泥泞，当时市政府还派了筑路队来铺上紧急通道。他们在卡车四周铺上路面，没有移动卡车，所以，每个车身下方就留下了一块块长方形的泥土地——像是为移动式墓地量身打造的一样。10 月 5 日，我终于鼓起勇气，前往纪念公园致上我的敬意。

时至今日，纪念公园里已经停了 16 辆卡车，上方有白色布料搭成的棚子，远远看去公园好像会微微发亮。棚子下的一切都非常整洁。经过这么长时间忙着把肮脏、焦黑的软骨和骨骼分类的工作之后，看到这些遗骨能这么有尊严地被存放在这里，实在是一件很令人欣慰的事。棚子内部的天花板上挂着一幅巨大的美国国旗，每辆卡车厢门上也各自有一面国旗垂挂着，另外还有数十张其他国家的国旗沿着棚子的一侧吊挂着，代表这些受害者来自世界各地。停车场四周的夹板旁摆满了花圈。棚子里有个小教堂，放了许多柏树盆栽，地上还铺了像是大理石材质的地板。我坐在其中一张长椅上，感受片刻的平静——

只有片刻，然后那平静又消逝了。虽然我对于纪念公园散发出的爱和关怀十分感动，但那些卡车里堆着我几周以来筛检整理过的遗体，发动机还在嗡嗡运转，这仍然让我的内心充满哀伤，还有排山倒海的失落感。

肯尼是我们的调查人员之一，他答应等他在那里上班的时间一到，就带我和其他三位同事一起前往维西街上哈得孙河渡轮码头的遗体放置处。餐厅、小商店、工厂，所有的店面都关门了，人行道上一个人也没有。“有一架喷射机发动机打中这些建筑，最后掉在那边的角落。”肯尼告诉我。当时我们离世贸中心遗址至少还有四五个街区之远。

到了遗体放置处，我们就被交给要带我们进行现场巡查的人，一位皮肤晒伤、烟嗓的男子，穿着老旧工作靴和一件有灾难善后小组图案、下方写着“挡泥板”字样的红 T 恤。我问他这昵称是怎么来的。“因为我就是那个在屁股后面挡下所有烂事的人。”他说。“挡泥板”是灾难善后小组的灾难复原工作负责人。

肯尼一边分发安全帽，一边告诉我们法医调查员在这里的工作。“我们的首要任务就是检查遗体残肢，想办法评估找到的部位是属于同一具遗体，还是多具遗体。除此之外，我们要做的就是让所有东西保持你们后来看到的那样。我们最初接到的反馈是要我们做得越少越好，所以，我们只会把很明显不该摆在一起的东西分开，比方说两条左手臂。”

我戴上安全帽，走向其中一名同事身旁的四轮工作车。“挡泥板”开车带我们去看世贸中心双子塔原址，那里现在只剩一个又大又脏又破的坑，我们都惊讶得说不出话来。现场看起来就像是建筑工地，不过工作与“建造”彻底相反。起重吊臂挂在上空，挖掘臂蜷缩在沙土之间，数百名男男女女戴着工地安全帽在现场切割钢筋、操作机器，把 6 栋残破、摇摇欲坠的建筑物一片一片拆卸下来。所见之处四处都有电焊机的火光，拆解着扭曲变形的钢筋。

“一开始的几天只是救火应急而已，你知道吗？”“挡泥板”像是看懂了我的心思一样，对我说，“人力搬移残骸，让我们能够寻找生还者。”大堆一侧罩了一张巨大的网，邻近的建筑物内部崩塌，只留下空壳伫立在原地。冬季花园中庭紧靠着哈得孙河的蓝色半圆顶毫发无伤，虽然它前方是满地的碎玻璃和焦土。破碎成锯齿状的南塔耸立在中间，像是战争时期被炸弹炸过的哥特式教堂。世贸中心 6 楼仍然冒着火焰，是从地面一路烧上去的，这场火就这样一直燃烧到了 12 月。

看见钢筋水泥被如此彻底摧毁，我瞬间明白那两架遭劫的客机所带来的铺天盖地的破坏，其暴力之盛，把身处其中的人彻底震碎，成为我最后见到的残败的模样。起重机不断把现场碎片拾起，弃置在各堆废弃物之中，这会让同一位死者遗体的各部位分别在不同时间轮流抵达位于上城那头的我的工作站。我马上就理解为何赫希医师要我们用 DM01 来分别编制遗体残肢的案件号码，除非遗体残肢送来时结构上合理地相连才不需分别编号。

我们开着四轮工作车到大堆中间，在那里停了一会儿，静静地看着四周。有人提议一起分享他从萨尔小店带来的花生果酱三明治。我肚子饿了，吃了一点。外面很热，四处都是粉尘。到了该回去的时间，负责接送我们的警车还得去进行高压水柱洗车。

巡警把我送到宾夕法尼亚车站附近，我从这里搭地铁回家比较方便。街上一如往常地人潮汹涌——人行道几乎走不下了，大家比肩接踵，一脸严肃，车站附近还有为数不少的警力，因为那段时间关于恐怖主义的谣言甚嚣尘上，毒害整个城市。车站到处贴满了“9·11”事件中失踪人口的寻人启事。这几周来，我一直努力避免正视这些海报，但是那天我决定不再逃避。大堆的鬼魂跟着我回来了。我看着海报，找寻那一张张脸庞，就这样，有数分钟的时间，我就像冻结在原地一样盯着海报，试图从我的记忆中寻找熟悉的面孔。然后，我停止搜寻，移开视线。我没有那种力量。

日子一天天过去，送来的尸袋里渐渐只剩骨骸：3 月 5 日，30 片头骨送达，日尔森把它们一片片拼成一个接近完整的头颅。3 月 30 日，一只腐烂的手跟手链缠在一起被送来。4 月 16 日，早上进行验尸，下午处理 15 片骨头，最大块的是上臂骨和肩胛骨。4 月 29 日，赫希医师通知我们，我们已经在世贸中心灾难中辨认出整整 1000 人的身份了。2002 年 5 月 7 日，也就是那个天很蓝的早晨过后的 8 个月，我们这里的灾难复原工作完结了。死亡人数还在继续增加，但是已经不再需要法医人员。

灾难复原工作正式结束后 2 个月，《纽约时报》报道零地点（ 世贸中心遗址后来被命名为 Ground Zero，零地点。Ground Zero 原指原子弹投下的地点，或是爆炸时的轰炸点。在美国“9·11”事件后被用来称呼世贸中心遗址。——译者注 ）的清洁人员在附近建筑中发现“人类遗体残肢”。我问日尔森这件事，她翻了个白眼。“他们害我跑到现场去站了 4 小时，那地方到 9 月 10 日那天为止，可能不过就是间肉铺。我告诉他们，他们发现的一切应该都属于牛或猪。”这件事可能被某个警察走漏了风声，又经懒惰的记者添油加醋后变成了那篇报道。现场所有发现的残骸都不是来自人体部位，结果报道还上了《纽约时报》头条。我已经习惯这类错误报道，所以，2002 年 8 月中旬的某天，我接到这通电话，告诉我世贸中心遗址又发现人类遗体残肢的时候，我没多想。

我错了。这些在事发后将近一年才被发现的遗体，经证实的确属于人类。工人发现遗骨的时候，他们正在拆解西街 90 号屋顶旁的脚手架。我走到外面的帐篷区，这地方当时已经清空，只剩下一个工作站，一张金属工作台面放在锯木架上，工作台上放着一个焦黑、干燥的髋关节。灾难善后小组的人类学家把干燥的肌肉组织撕除，“这是小转子，”她指着骨头下方的球状部位说，“它一定会对着内侧，所以，这是左边，左髋。”

速记内容被写进表格中。户外只有我们三人，我们安静了一会儿。“这是飞机上的乘客。”我大声宣布。另外两位女同事都点头表示同意。我们实在无法想象这东西怎么会出现在一栋摩天大楼的顶楼，而且离双子塔还这么远，唯一的解释就是高空高速平行移动。

之后不到一个月，又是 9 月 11 日。一切都太熟悉了：我在一个美好的早晨从 30 街上往第一大道走去，摩天大楼之间露出一片蓝天，当时美国航空 11 号班机就是从那里飞越我头顶。这天我本该完成书面报告，但是我无法专心，也不想自己坐在办公室里。“要不要来纪念一下，去一趟托达尔小店？”我对图里说道。

我们买了饼干和牛奶，走回她的办公室聊天。图里当时负责值 DM01 的第一个班次，就在 9 月 11 日晚上。“我看到的第一具遗体是一名消防员，他全身上下毫发无伤，表情非常平静。等我把他翻过来的时候，发现他的后脑爆开。我对自己说：‘噢，好吧。接下来情况就会是这样，开工吧。’但是其实当时我们全都吓傻了，不是吗？我是说，我们完全无法理解事件规模……”

我们又到萨尔小店吃了午餐——救世军又回来搭好帐篷，就坐落在30街外，他们烤汉堡和热狗给我们吃。托马斯带着丹尼来找我，两个警察让丹尼启动巡逻车里的警笛和车顶警示灯的时候，这小男孩简直高兴得飞上了天。FBI和灾难善后小组都来了不少人：这些同事——或者说战友更贴切一点——与我们已经好几个月没见过面了。许多受害者家属也来了。大家聊着我们已经走过的这长长的路，讲到所谓的“终了”。

我不知道自己究竟经手了多少具从世贸中心袭击事件中送来的遗体，想知道具体数字是不可能的事。由官方指派给我的DM01案件共598起，这数字是合理的：我们总共找回19956块残肢碎块，现场共有30位法医在做事，每个人大概都被分配到600块。我们会把受害人想成数字、残肢、样本，借此让自己接受整个状况。事发一年之后，首席法医办公室发出了2733份死亡证明书给世贸中心爆炸事件的死者——1344份是根据宣誓书发出的，1389份是因成功辨识遗体残肢后发出的。现役人员的死亡人数是343位消防员、23位纽约市警察，48位其他单位人员（大多数是港务局警察）。这些死者留下超过3000位孤儿。这是美国历史上最大型的重大伤亡事件。

2002年9月12日早上，我回到纽约市首席法医办公室位于第一大道520号的办公室。我穿上装备，按惯例在头发上套上两层发网，再次投入工作中。

PART 11

恐惧成真

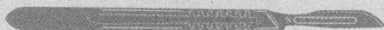

凯西·阮是越南移民，已经在布朗克斯居住了不止 20 年。邻居对她的印象是独来独往但很亲切。她会去参加弥撒，会去拐角处的杂货店购物，搭地铁去她的蓝领阶级的工作岗位上班。当她在 2001 年的万圣节去世时，没有近亲可以通知。她的死亡原因是炭疽热病毒感染，属于自然疾病的一种。但她的死亡方式并非自然，死亡证明书上的死亡方式是凶杀。

炭疽热是一种很恐怖的疾病。这种疾病会通过病毒感染，病毒一旦进入人类宿主体内，就会迅速蔓延，并且产生具有强而有力的破坏性的剧毒。这种病毒能够在环境中冬眠数十年以上，等到孢子再次接触到人的嘴唇或双眼，就会复苏。孢子经由呼吸进入体内，会引发最为严重的感染状况，称为吸入性炭疽热。它的初期症状是咳嗽、发热和全身疼痛，跟常见的一般感冒与流感症状一模一样。如果感染吸入性炭疽热却没有及时接受治疗，几天之内就会致命。这种病原体具有强毒性，一旦感染，病毒还会一直伪装症状，直到出现致命的感染性休克才被发现，但这时候已经太晚了。所幸炭疽热并不会像流感或水痘一样经由人体传播，现在已经研发出了疫苗，且早期感染是可以用抗生素治疗的。

在“9·11”恐怖袭击事件发生整整一周之后，有人寄了 5 个信封给纽约和佛罗里达的报社，信封里装着满满的炭疽热孢子。到了 10 月的第一周，新闻报道开始出现佛罗里达男子死于吸入性炭疽热的消息，这是该州 30 年来第一起炭疽热病例。接着这名男子的两位同事也确诊了。在 NBC（美国国家广播公司，总部位于纽约。——译者注）洛克菲勒中心总部上班的一名女性职员受到感染，她在打开一封署名给新闻主播的信件后，发现是一封恐吓信，上面还布满细细的白色粉末。10 月 16 日，我们得知还有两封这样的信件寄往华盛顿给国会议员。联邦政府办公室被全面封锁进行消毒。两名华盛顿邮政员工于第二周病逝。就在这时，一位忧心忡忡的母亲在地铁站外拦住我。

当时我正准备前往办公室处理那些已经火烧眉毛的书面报告，这位隆鼻、顶着一头栗色波波头的太太看见我夹克背后印着的“纽约市法医”字样。“我儿子昨晚在洋基队的比赛现场，”她开口说道，“今天早上我陪他走到学校的时候，他说他看到球场里的空气中飘着白色粉末，就在他前面几排的位置上方。一开始他以为这些粉末是来自观众传来传去的充气皮球，有可能是充气皮球破了，但他又看到有人接住了充气皮球，所以，粉末不是从那里来的。”

一开始我完全不知道该说什么才好，于是我从最基本的问题问起：“他是乖孩子吗？是不是喜欢开玩笑或恶作剧？”

“他不会对我撒这种谎的。他知道现在是什么情况，”那位太太回答，“他今天要考 PSAT（美国高中生用于申请大学奖学金的考试。——译者注），所以，我不想阻止他去学校。”我们就这样站在那里，两位母亲，在纽约市中心。“我该怎么做？”这位母亲问我。

我怎么会知道？我实在很想这样回答她，但是我忍住了。“如果你真的很担心，可以在他放学后带他去找个医师，进行鼻拭子检测。如果检验结果呈阴性，你就可以放心了。”这个建议看起来没能消除她心中的忧虑。“然后你可以查明他在球场中的座位，请洋基球场通报。”除了以上，我实在想不出其他建议，但是这个充满担忧的母亲仍然站在我面前，挡住我前往办公室的路，同样也挡着我去处理那一大堆结案报告。我要了她的电话号码，告诉她，如果我得知洋基球场粉末的进一步信息，会再跟她联系。她终于满意了，我们分道扬镳。

炭疽热信件问题尚无明确答案，日子一天天过去，我们的办公室开始接到越来越多针对不明白色粉末、慢性咳嗽、地铁上可疑的深肤色男子的询问电话，并且要求我们“像电视上说的一样，为了美国铁路公司着想”，对遗体进行测试。一位 40 岁的邮政员工因为疼痛和呼吸困难被送往曼哈顿医院，他告诉护士，自己曾在几天前吸食可卡因。医师们用抗生素为他治疗，但是不到 24 小时他就去世了。当时媒体报道指出，新泽西有多名邮政员工感染炭疽热，所以，家属要求进行验尸。他的侄子明确要求我们对这名死者进行鼻拭子检测。

“我们不会这么做。”我在电话中告诉他。

“为什么不？我在新闻上看过啊。”

“因为我们只会对活人进行鼻拭子检测，而且即便在这个检测中发现了鼻腔有炭疽热孢子，也并不等于这个人已经被感染。”我解释道。媒体不断把鼻拭子检测宣传成一种决定性的诊断测试，但实际上这只是初步筛查工具而已，并且只是个粗糙的工具。“我验尸的时候，会检查你叔叔的器官。如果他是死于炭疽热，从他的身体就可以直接看出来。”

在验尸的过程中，我发现这位邮政员工并没有感染炭疽热。他患的是艾滋病导致的常见肺炎。我一直等到毒理学检测报告回来后才结案，希望给家属一点时间消化这突如其来的哀痛，躲开歇斯底里的新闻消息，进而理解实际情况。“没错，白色粉末。”我打开毒理学报告，看到可卡因检测的阳性结果，对坐在培训人员办公室桌子另一头的格雷汉姆说道。

我们每个人都得花时间应付类似的炭疽热举报电话。某天下午赫希医师的轮巡时段中，一位医师汇报了手上的案件，死者是一名 89 岁的男子，有长期使用静脉注射毒品的记录。他被人发现死于自己家中，床边的镜子上还有白色粉末。“你做炭疽热检测了吗？”海斯开玩笑道。

不过在 10 月 30 日那天，我们发现并非所有打来举报炭疽热案件的电话都是假警报。那天晨间巡视时，赫希医师通知我们，61 岁的凯西 · 阮，也就是纽约市的第一例吸入性炭疽热感染病例，在莱诺克斯山医院的状况很差，可能撑不过去了。她于周日因胸痛、肌肉疼痛和严重咳嗽症状被送进医院。周一时她的症状明显恶化，血液检验结果显示炭疽热阳性。到了周二，也就是万圣节的午夜，她就去世了。

我被安排在那天早上进行验尸。凯西·阮的案子被派给吉姆·吉尔，我在那天早上则有两件其他验尸工作要完成——一位酗酒女性死者和一名一出生就因器官衰竭死亡的男婴。我一如往常地在早上 8 点进入验尸房，准备在赫希医师的巡视开始之前先进行验尸，结果发现里面一个人也没有，只有吉尔医师和炭疽热死者凯西·阮。

“技术人员呢？”我问吉尔。

“没人敢进来。他们不想跟这件案子有任何牵连，我们只能靠自己了。”

“为什么？”

“他们的工会代表态度很坚决。所以，他们把遗体送来，放在工作台上，然后就走了。”我听了以后呆若木鸡。我从没见过任何一个首席法医办公室的技术人员害怕过任何疾病——他们不怕艾滋病和肝炎，连肺结核，甚至西尼罗病毒（一种会引发脑膜炎的病毒，经由蚊虫传染给人类。——译者注），他们都无所畏惧。他们每天处理验尸案件的时候都要面对这些威胁，但是现在他们却步了，在恐惧之下抱团撤退。更令人心惊的是，吉尔站在一具被空气传播型生物武器夺去生命的女性遗体旁，身上只穿着一般的装备，戴着手术手套，套着塑料围裙，脸上挂着普通的 N95 口罩。我原本以为他会在我们的正压隔离室中，在隔离气压门的后面处理这起验尸案件，穿着我们处理新型病原体——如埃博拉病毒或汉坦病毒——时的装备：特卫强连身防护衣和强力空气过滤面罩。但他没有，吉尔只穿了平时的办公室职业装，如果把验尸房称为办公室的话。

“有传染的可能吗？”我隔着单薄如纸的口罩紧张地问道。

“没有。人体中的炭疽病毒，跟其他通过血液或呼吸传播的病原体相比，感染风险不相上下，而且她曾接受强力的抗生素治疗，她体内存在任何还活着的有机体的概率几乎是零。”

“你保证？”

“你快处理你的案子吧，好吗？没有技术人员在场，我需要一点协助。”

我照做了。因为只有我跟吉尔在验尸房里做事，气氛恐怖得像是……呃，就像是万圣节的太平间吧。赫希医师一如往常地在 9 点半抵达。跟他一起来的是纽约大学临床病理学家，他是炭疽热专家，另外还有 6 个住院医师和医学院学生跟着他。访客们包围着验尸台，在吉尔替凯西 · 阮进行验尸，我在一旁协助的 45 分钟之间，他们几乎观看了完整的过程。赫希医师穿着软呢西装、戴着口罩，安静地旁观，看起来仍是十分警觉的模样。

验尸过程既吓人又迷人。我们进行得很仔细，完全没有一句闲话。当吉尔打开胸骨和肋骨的时候，他停了一会儿，让现场所有人能看清楚教科书般的吸入性炭疽热产生的影响——纵隔出血。心包和胸腔间隙的所有空间都泡在鲜红色的瘀血中。炭疽病毒顺着淋巴系统移动并进入血液中，她的淋巴结全都变成了充血的血袋。部分淋巴结已经坏死，看起来又青又紫，特别是中心气道四周的淋巴结。可以很明显地看出，炭疽病毒是从凯西 · 阮的肺部进入她的体内，再从这里向四周蔓延。

她的肺部充满泡沫和血性液体。我们原先预期会看到出血性脑膜炎，但吉尔锯开头骨后，发现整个大脑表面十分干净，外观正常。“这就是抗生素最后的力量。”纽约大学临床病理学家这么说，他说的没错。第二天我们的微生物实验室告诉我们，遗体组织中几乎没有任何细菌。莱诺克斯山医院的医师为凯西·阮使用了现代医学中已知的最强力的抗生素，消灭了她体内的细菌，但是病毒的毒素已经开始猛攻，无法阻止了。

没有人——包括纽约大学炭疽热专家、查尔斯·赫希医师——看过这样的验尸。全美国大概只有不到 50 位还活着的医师看过炭疽热案例，而且这些人之中，不知道有没有人做过暴发性吸入性感染病例的验尸。这是一个我多希望不曾在纽约市首席法医办公室遇上的里程碑事件。

是的，那天是该死的万圣节。接下来的一周，从麦克尔·唐诺修开始，海洛因中毒，被弃尸于巷子里装满垃圾的邮车中慢慢腐烂。第二天是罗伯特·沃德被送来，拉开了“不新鲜的寿司”电话连续剧的序幕，这天我还解剖了一位心脏手术后因医疗并发症去世的中年女性。周三送来的是一位跳楼自杀的死者，遗体摔得跟糨糊一样，还有一起原本可以避免的汽车乘客死亡案件，死者上车后没有系安全带。几个建筑工人在哈林区中心工地现场找到一些人体残骸的碎片，这些——被弃置的骨片——成了我手中的新案件。有 2 件错综复杂但仍在持续进行的案子，5 件新进案子，还要协助炭疽热案件的验尸——这就是

2001 年的 10 月 31 日。百忙之中的最后一击，是那天下午我接到地方检察院的来电，提醒我要准备为被勒毙的西尔维亚 · 艾伦一案到大陪审团面前做证。这案子就是 9 月 14 日我在验尸时遇到爆炸物警报，所有工作人员不得不到屋外雨中等候的那起案件。

“什么时候？”我问道。

“周五。”对方回答。

“这个周五吗？”

“对，大陪审团就在那天召集。有什么问题吗？”

“没问题。”我说，一边心想我对地方检察官撒谎不知道会被判入狱多久。这之前我从没为大陪审团出庭过，而且这起案件根本也不在我的重点案件范围内。

结果不出我所料，出庭做证的过程很顺利，在之后漫长的法律程序中，这是第一步，最终杀害西尔维亚的凶手被成功关进大牢，不得假释。地方助理检察官说，这人是“回头客”，一个货真价实的反社会分子，后来因为 2 起凶杀案和 7 起强奸案定罪。当时我们都不知道这件事，但是后来这名男子在狱中自白，承认 1997 年时皇后区发生的一起 16 岁少女谋杀悬案背后的凶手就是他。西尔维亚 · 艾伦是他犯下的连续杀人案件中的第四个，也是最后一个受害人。

经过 2001 年 9 月和 10 月的忙碌，作为补偿，我有幸于 11 月暂时离开纽约市，前往华盛顿特区军事病理研究所参加专业研讨会课程。丹尼和托马斯跟我一起搭火车前往——丹尼兴奋地在火车上跑来跑去，叽叽喳喳地讲话——我们计划将这次远行当成一场迟来的家庭旅行。

弗里曼、格雷汉姆和我是唯一来自纽约的与会者。第一天的课间，不断有人来询问我们“9·11”复原工作的情况，复原工作在当时正好已经进行了整整一个月。午餐休息的时候，我们三人遇见课程的负责人。他看到我们，露出惊讶的神情。“你们会留下来吗？”他问道。

“当然！”我真诚又热情地回答。我很高兴终于能暂时离开工作，来认识新同事，吃点免费的餐点。“我们整周都会在这里！”

在我们等电梯的时候，一位胖胖的与会者挤到我们身边来。“你们是纽约人吧？”他问，“那你们应该听说皇后区的坠机事件了？”

“什么？”格雷汉姆和我失声道。

“对啊，一台喷射机今天早上起飞的时候坠机了，夷平了整片住宅区。200 多人死亡。新闻一直在报，我真惊讶你们居然还不知道这件事。”这个胖男人就这样冷淡地说着我们城市的突发悲剧。我觉得自己看起来跟格雷汉姆和弗里曼一样：准备一拳打在这家伙脸上。

我们匆忙赶到格雷汉姆的房间，打开电视看新闻。美国航空公司飞往多米尼加的 587 航班，从肯尼迪国际机场起飞后 81 秒坠毁。该航班是美国的多米尼加移民常常选搭的直飞返乡班机，坠机时全机客满。机上 260 人全部丧生，地面死亡人数还未知。这架空中巴士 A300 喷射机在坠毁于皇后区的洛克威住宅区之后，引发了熊熊大火。有线新闻台的画面是消防员拿着斧头、电锯和水管冲进火舌四窜的房屋之中。我已经看过太多纽约市消防队的外套包裹着残缺的遗体——现在他们又出动了，男男女女穿着那件外套，跟另一场喷射机引发的大火搏斗，奋勇迎向橙黄色的火焰。

“这些尸体，全都要进行完整验尸。”等我们三人回到纽约时，佛洛蒙本医师对我们说。他一如往常，已经整理出排班表——撇开又一场重大伤亡灾难不谈，纽约客还会如常地死去。佛洛蒙本安排我们加入DQ01复原工作线。“皇后区之灾2001（DQ01）”与“曼哈顿之灾2001（DM01）”一起加入了纽约市首席法医办公室的数据库。

“我们不知道坠机的原因是什么，”他说，“可能是恐怖袭击，也有很多其他的可能性，所以，我们必须为每一具遗体验尸，进行全套的毒理学测试来厘清死亡原因，包括一氧化碳血红蛋白检验。”办公室感觉比平时还要忙碌，十几个人同时讲着电话。“确认死者是否死于钝性重击，以及他们身上的创伤状况是很重要的，所以，请记得填写人体图表。我们也要知道他们在大火中是否还活着。这就是一氧化碳血红蛋白检验的用意，懂了吗？”

我抵达验尸房的时候，发现并排而置的7张工作台全都在处理DQ01的案件。跟世贸中心的灾难事件处理过程一样，我们每人配有一位记录员和一位警察。FBI探员再一次来到我们的工作台之间四处巡视。

我开始处理皇后区之灾的第一天就进行了4起验尸，死者分别是两男两女。4具遗体都破损得很严重，重度烧伤，遗失面部和头颅上半部，虽然不是整个脑部都不见，但也相去不远。喷射机燃油的臭味令人头昏眼花，状况就跟第一天处理世贸中心案件遗体的时候一样糟糕，甚至更严重。而且，与处理世贸中心案件的时候一样，我再次见证超乎现实、恐怖至极的牛顿定律。其中一名乘客的皮夹被某人断裂的肋骨尖端刺穿，皮夹里的照片、纸币和信用卡都留下一个硬币大小的破洞。一名女子的子宫从骨盆上的破洞掉出体外，我在这被烧焦的器官中找到一个 2.5 厘米大小、被煮熟了的胚胎。有两位死者的心脏掉到胸腔外部，都是从胸骨之中被猛地扯出。所幸我们最后能够告诉家属，这些死者在死前都没有受到太多折磨。

警察帮我称器官的重量，我快速完成口述记录。在我这张工作台做事的一位灾难善后小组工作人员告诉我，他很惊讶我们办公室对皇后区坠机事件的反应竟能这么快速。“坠机事件发生于 9 点 15 分，到 10 点半我已经看到首席法医办公室的人在现场了。5 点的时候，第一批遗体已经按照伤重程度分类完毕，准备进行验尸。你们真了不起。”当时我若不是已经悲恸欲绝、身心俱疲，听到这样的赞美很可能还会觉得开心吧。

587 航班坠机的遗体残肢数量很多，我们必须把 DQ01 工作站移到户外卸货区，取代进行中的 DM01 案件——“一个灾难被另一个灾难取代”。一切都很像世贸中心事件发生第一周时的状况。这些残肢遗体都被撞烂、严重扭曲，但是这次的烧焦状况比上次严重得多，灰烬较少，没有水泥粉尘。就算遗体放置在帐篷底下，空气中仍弥漫着浓烈的煤油气味。

两名警察负责协助我，还有一位灾难善后小组的法医病理学家担任记录员。我们效率很高，已经把警方在现场标示为“尸块”的几个尸袋都记录完毕，这时灾难善后小组的医师拉开另一个尸袋，整个人瞬间动弹不得。“这不是尸块。”她说，眼睛直瞪着尸袋。

“那是什么？”我一边问，一边走到她身边。

“噢，不。”一整个尸袋里满满的都是幼童。我看不出来袋子里有几个孩子，但是我知道袋子被装得很鼓。

弗里曼在隔壁工作站做事，听到我们的对话，来问我袋子里是什么，我告诉他答案。弗里曼看着我，一秒也没有迟疑，说：“我来。”

我一直对他心存感激。在那一刻之前，我一直以为整个秋天的工作已经逼着我看遍所有在飞机爆炸事件中可能发生的骇人状况，但我错了，身为一个 2 岁小孩的母亲，这次我真的没办法面对。

美国航空 587 航班在 2001 年 11 月 12 日夺走了 265 条人命，其中有 251 名乘客、9 名机组人员，以及 5 名地面民众。这起事件是驾驶失误所致。后来对飞行员培训、该型号喷射机的退休年限、空中交通控制协议都进行了修订，这让此类坠机事件几乎不可能再发生。在得知事件不是另一起恐怖袭击之后，我和同事们都松了一口气。

2001 年秋天过后许久，闻到喷射机燃料的味道，或是听见飞机从我上空飞过的声音，仍会让我不寒而栗。但是对我那年幼的儿子丹尼来说，飞机低空飞过、发出巨响的时候，就是他可以追逐、大叫、指着天空展开幻想的时刻。我们搬到加利福尼亚以后，托马斯和我常常带着他和还在襁褓中的妹妹莉雅，到一个位于机场外围、杂草丛生、总是刮风的公园去看飞机起降。只有跟托马斯一起花好几小时坐在扎人的草地上，一边跟莉雅玩，一边看着丹尼望着飞机轰轰飞过头顶时那开心的脸庞，我才能停止对那声响的恐惧。

PART 12

最后的坚守

当我选择法医病理学这条路的时候，我就知道这对当了妈妈的医师来说是一个绝佳的选择。担任法医一年后——即便经历了 9 月 11 日的灾难——我仍如此坚信。2002 年 6 月，我完成了法医病理学的培训，马上又跟着弗农·阿姆博斯特梅切尔医师开始为期一年的神经病理学培训，他是首席法医办公室的脑科专家。8 月的时候，我开始出现妊娠反应。

你可能以为整天忙着切割人脑会加剧妊娠反应症状，但实际情况是，这绝对比在验尸房工作要好得多。阿姆医师的身高超过 1.98 米，生性低调，态度温和，疯狂热爱人脑。他采用随和的教学风格，并为我提供了大量的练习机会。他那小小的的防腐实验室里沿着墙面的架子上，摆了许多桶，里面是泡在防腐剂里的人脑和脊髓。对一个怀孕的医师来说，跟着温和的阿姆医师，在消过毒、只有化学防腐剂味道的安静空间中度过一年时光，简直是完美的。

并非所有验尸案件的大脑都会被送到阿姆医师的实验室进行神经病理学分析，开脑的程序只限定于受到某种头部创伤（包含子弹），或有神经损伤征兆的死者。而且，虽然开脑对我来说算是一种学习机会，教学却不是阿姆医师的主要任务。身为一个经学会认证的神经病理学家，他被特别授权去观察以及诊断脑部创伤、疾病和缺陷。他的专业分析让我们，也就是死因调查团队，不会错过任何可能具有重要法医学意义的发现。当阿姆医师像切吐司般完成大脑切片，将砧板放在我们面前的时候，我们就能一起评估大脑内部结构，用肉眼检视创伤部位。人体最神秘的器官揭开了面纱——就在眼前，在我指尖。对于一个毕生都想成为科学家和医疗从业人员的女孩来说，能解剖大脑实在是一件很令人兴奋的事。

在我接受神经病理学培训的这一年里，我还是坚持在周末去验尸房工作，即使日渐凸起的肚皮让我越来越难干活。验尸是一件必须在肚脐高度进行的体力活，我越来越擅长扭着身体，侧身剖开人体躯干。我的宝宝莉雅是个很爱踢腿的孩子，一边感受着新生命在我的肚子里慢慢成长，一边研究刚逝去的生命留下的躯壳，实在是一种令人振奋又紧张的矛盾体验。

我们的一居室公寓显得越来越拥挤，住在纽约的两年时间让托马斯和我都觉得够了。我整理了简历，开始搜寻有法医病理学职位需求的城市。正好加利福尼亚圣何塞有空缺，所以，我们一家就飞到加利福尼亚去面试，顺便看看环境。那里看起来还挺舒服的，阳光充足，居住条件成熟。我注意到市中心没有什么摩天大楼，于是提出了疑问。圣克拉拉郡首席法医告诉我，这是因为他们的机场离市中心太近了，建筑条例不允许市中心盖任何高于 22 层的建筑物。当然，飞机还是有可能会撞上其他建筑物，但那只能是出于意外。这地方可能随时会发生地震，但是办事处有大型灾难流程方案，也经常进行演习。在纽约经历了人祸之后，我实在很想快点搬到只需要担心天灾的城市。

我上班的最后一天，就是莉雅出生前一天。4 月的那天早上 6 点，我被阵痛唤醒。我打电话给我的产科医师，告知他宫缩频率是每 15 分钟一次，他说我的宝宝大概会在 12 小时后出生。

“我应该到医院去等吗？”

“如果你想在待产室里待上 12 小时，那就来吧。”产科医师回答。

托马斯和我在我们位于布朗克斯的小公寓里，两人对视了一眼。“好吧，那让我们舒服地度过这段时间吧，”他提议，“我们可以去散散步，如果你想的话，可以带丹尼去公园。要持续注意收缩的时间，等时候到了，我就叫出租车。”但是我马上开始担心起来，而且只要看一眼我先生的表情，我就知道他心里也在想同一件事。12 小时之后，这表示我们要在下班交通高峰时刻搭出租车从布朗克斯前往曼哈顿。好，也许我们应该早点出门，确保我们能抢先高峰时刻一步，然后在医院等大概……多久呢？

接着我就想出解决办法了。“不——我要去上班。”我宣布，托马斯笑了出来。“我是认真的。我应该跟平常一样搭公交车去上班，就跟我昨天早上一样。”

我们很清楚坐公交车上班要花多长时间——这 55 分钟的车程从来没有太大变化——而且如果我维持日常行程，我们就不用坐在纽约大学医院的待产室，让自己越来越焦虑。“公交车会让我在离办公室仅仅几个路口的地方下车，加上我的办公室紧挨着医院，我可以坐在办公桌前，一边处理一些书面报告，一边计算收缩时间。”

我先生笑了。“等到你的产科医师点头，我就把丹尼交给你妈妈，然后搭火车到市区去跟你会合，陪你慢慢走到纽约大学医院，对吗？”我们越是仔细讨论这个计划，那种疯狂的感觉就越淡。

于是我这么做了——穿上写着纽约市法医的外套，走到卡波克街转角去等东区直通公交车。1 小时后，等我慢慢走进第一大道 520 号，宣布我要生了的消息时，大多数同事都陷入一种充满喜感的恐慌之中，除了已经为人母的同事。这些妈妈都夸我的计划非常完美。那天我就坐在办公室，男同事们每隔 10 分钟就紧张地跑来问我觉得怎么样，其中一个还坚持帮我带点午餐回来。在他的监督下吃完午餐后，我走到隔壁（另一位充满骑士精神的同事主动陪同）去找我的产科医师。收缩越来越强烈，但仍然是 10 分钟一个循环。医师告诉我，等我的阵痛开始稳定地 7 分钟一个循环的时候再进医院，然后就说我可以走了。我心里充满感激，因为他让我能继续工作到赫希医师的下午轮巡时段，迎接我身为纽约市法医的两年的终点。

托马斯把丹尼交给我母亲后，来跟我碰头。我们两人一起去了第三大道上的一家泰式餐厅。“你知道这是我们在纽约的最后一次晚餐约会吗？”他感伤地说。尽管我每隔 8 分钟就阵痛一次，但那顿晚餐还是很浪漫的，我对着他微笑，越过桌子牵起他的手。发生了这么多事，我先生还是爱上了这个城市——我的城市。

那天晚上 8 点，我们进了待产室，莉雅在第二天清晨出生。6 周后，就在我们要举家搬到加利福尼亚接任新工作的前几天，我带着宝宝一起去参加培训人员结业典礼。赫希医师在他最喜欢的一家餐厅订了一间包厢，地点离办公室不远。餐厅给人一种夜总会的感觉，挂着厚重的红丝绒窗帘，桌上还铺着高级桌巾。“有蜡烛！”托马斯惊叹，“没有蜡笔！”我的同事轮流咕咕叫着逗莉雅，或是搔痒逗她的时候，托马斯得以好好享受跟其他成人相处的时间。赫希和佛洛蒙本都简短地说了一段话，还与培训人员拿着结业证书一起合照。我在包厢里走来走去，想趁着我们大家都脱掉手术服，看起来跟普通人一样的时候，向每个同事表达心中的感激之情。

我走到史密迪的桌边，告诉她“9·11”事件过程中看到她冷静、专业的态度，让我把自己从崩溃边缘拉了回来。她惊讶地笑了出来。“我其实吓傻了！我们可从没接受过类似的训练啊！没有人！我都快控制不住自己了。”史密迪停了一下，看着我，眼神清澈，骄傲又严肃。“不，这么说不对。我觉得自己快控制不住自己了，但是我知道我可以信赖自己的训练。你也可以。这是赫希医师的功劳，不是我。”

“你知道吗，”我说，“我在验尸台旁听到凶杀组警察说过最高的赞美，就是说我检验、描述遗体的方式‘跟史密迪医师一模一样’。我想不到比这更好的赞美了。”

当然，幸福美满的故事结局一定要有场婚礼，而在我们之中，这人就是凯伦·图里。图里医师在世贸中心事件期间，在漫长又严苛的工作中，认识了一位一起工作的警察。人类学家日尔森则成为撮合这段感情的媒人，但其实凯伦和那位警察也不需要太多外力协助。那起事件发生后，我们每个人都深深感觉到自己渴望能与其他人拉近距离。他们将这种感觉发展成了爱情。结业典礼时，我们之中许多人第一次见到了凯伦的先生，大家还恭喜他们即将迎来一个新生命。

最后，我终于找到机会抓住我的上司。我告诉查尔斯·赫希医师，他已成为我原本希望自己已逝的父亲能够担任的那个导师的角色。他用他特有的优雅、谦虚态度接受了我的谢意。“祝你在加利福尼亚一切顺利，”赫希医师说道，“还有，要记得，你任何时候都可以打电话给我。”他的脸上有着一如往常的放松、愉悦的神情，每个周五下午 3 点的轮巡结束后，他都会用这种表情问我们：“有什么旧事、新事、闹剧要说吗？没有？那好吧，我想我可以回家喝两杯了。”

我在纽约市首席法医办公室工作的两年之中，接手了 262 件验尸案；12 年过后，我已经处理了超过 2000 件验尸案。但是直至今日，我每天还会学到一些关于人体的新知识。我很爱这份工作，也很爱科学、爱医学。我也爱这份工作中与医学无关的部分——提供家属咨询、与警方合作、出庭做证。我发现自己在这些时候最为努力，因为我要为死者发声。每一个医师都必须培养自己的仁慈之心，去学习、练习这种仁慈。要能每天面对死亡，把它看个透彻，你必须对生者有爱。

致谢

我们两人都想对詹尼弗 · 霍尔姆表达感谢，谢谢她在最开始给了我们这个建议；感谢奇普 · 罗赛蒂让这个计划继续下去；感谢迪斯特尔与戈德里奇经纪公司的杰西卡 · 帕潘，她把这本书推到一个我们不能想象的高度。谢谢斯克里布纳出版社的团队，特别是总裁苏珊 · 莫度，发行人南 · 格拉哈姆，耐心又不厌其烦的编辑沙农 · 韦尔奇、文字编辑辛西娅 · 默尔曼、执行编辑凯蒂 · 里佐，也感谢约翰 · 格林无所畏惧地跟我们一起直捣虎穴。我们会永远感谢阿历克西斯 · 盖尔盖格里诺的接纳。

朱迪 · 梅勒涅克想谢谢她的导师，查尔斯 · 赫希医师，以及纽约市首席法医办公室的所有医师、员工，是他们的投入和教学使这本书得以顺利完成。谢谢洛杉矶加州大学的伊丽莎白 · 韦格医师带我入门，在病理学的专业领域中引导我。

托马斯想感谢他的导师，约翰 · 布里利，感谢导师富有价值的案例、建议，以及这么多年来的友谊。

谢谢凯瑟琳·厄尔、艾美·Z·莫多夫博士、莎拉·兰斯代尔·史蒂文森在关键时刻帮助我们，谢谢莎拉·德里医师提供意见并给予鼓励，特别感谢罗恩·桑托罗把创意的热情灌注给我俩，我们很荣幸能有机会与他一起研究和工作。

最后，但绝不是最不重要——谢谢你，蒂娜。

WORKING STIFF

TWO YEARS, 262 BODIES, AND THE MAKING OF
A MEDICAL EXAMINER